CM1

Priorité Français Maths

Audrey Forest, professeure des écoles
(académie de Nice)

LAROUSSE

CONSEILS AUX PARENTS

GRÂCE À CE CAHIER, VOTRE ENFANT COMPRENDRA TOUT AU FRANÇAIS ET AUX MATHÉMATIQUES ET PRENDRA PLAISIR À S'EXERCER !

Avec la participation de CAMILLE MOREIRA,
professeure des écoles (académie de Paris)

Direction de la publication : Carine Girac-Marinier
Direction éditoriale : Audrey Gérard
Édition : Nicolas Bailly et Lindsay Gilbert, avec l'aide d'Agathe Lo Presti
Relecture-Correction : Vediteam
Conception graphique couverture : Uli Meindl, Sophie Rivoire
Conception graphique intérieur : Sophie Rivoire, Mathilde Dufau
Réalisation graphique : STDI
Éléments graphiques : Shutterstock
Fabrication : Carole Rousseau

ISBN : 978-2-03-605793-7

Achevé d'imprimer en Espagne par Estella Graficas
Dépôt légal : juillet 2024 – 334976/01
Numéro de projet : 11053946 – mai 2024

PRÉSENTATION DE LA COLLECTION

CET OUVRAGE, CONÇU PAR DES ENSEIGNANTES DE PRIMAIRE,
se concentre sur les apprentissages de FRANÇAIS et de MATHÉMATIQUES
pour permettre aux enfants de s'exercer sur
LES MATIÈRES ESSENTIELLES ET DE VRAIMENT PROGRESSER !

Chaque cahier est CONFORME AUX PROGRAMMES
DE L'ÉDUCATION NATIONALE EN VIGUEUR
et propose à votre enfant de découvrir et de consolider
LES NOTIONS INDISPENSABLES À CONNAÎTRE EN CM1.

Des **leçons claires et détaillées** pour acquérir toutes les notions à connaître.

Des **exercices progressifs** pour s'entraîner à son rythme !

Des **approfondissements** pour développer ses connaissances.

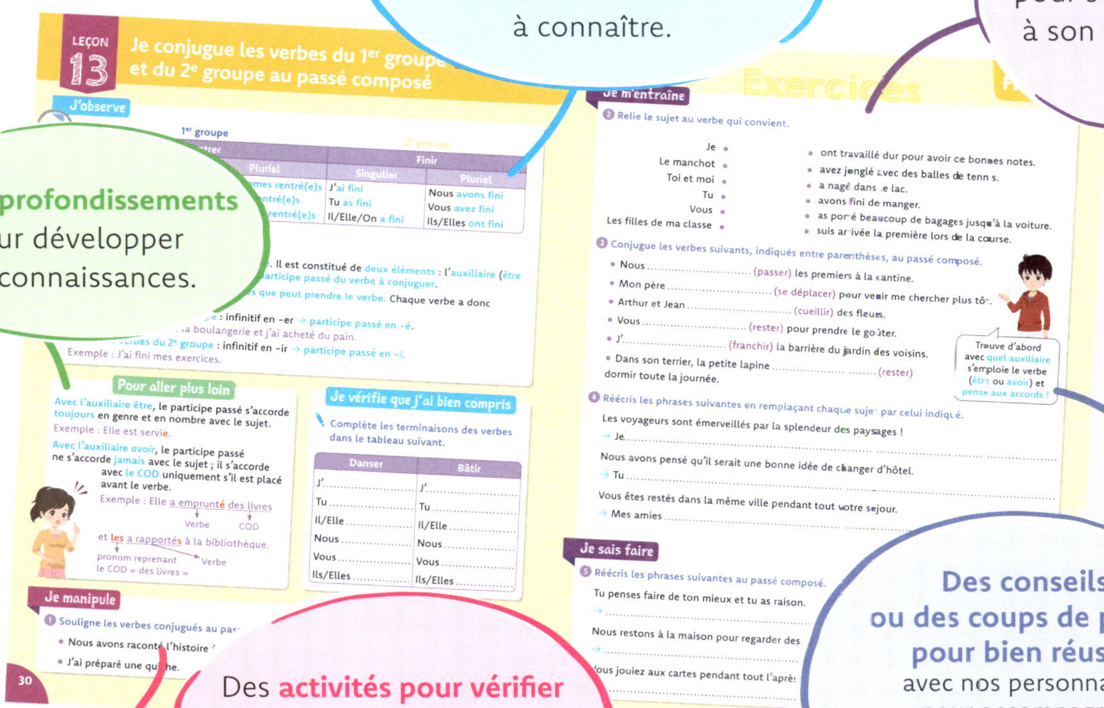

Des **activités pour vérifier la compréhension** et s'approprier la leçon de façon ludique.

Des conseils ou des coups de pouce pour bien réussir avec nos personnages pour accompagner votre enfant tout au long de ses apprentissages.

En fin d'ouvrage, retrouvez des corrigés pour vous permettre de vérifier les acquis et de suivre les progrès de votre enfant.

Français

GRAMMAIRE ET ORTHOGRAPHE

CONJUGAISON

VOCABULAIRE

LECTURE ET EXPRESSION

Maths

NOMBRES ET CALCULS

ESPACE ET GÉOMÉTRIE

GRANDEURS ET MESURES

CORRIGÉS

LEÇON 1 J'identifie les composants du groupe nominal

J'observe

La planète. ↑ déterminant

La planète bleue. ↑ adjectif qualificatif

La planète du système solaire. ↑ complément du nom

La planète qui est bleue tourne autour du Soleil. ↑ proposition subordonnée relative

Je retiens l'essentiel

- Le groupe nominal est un groupe de mots construit autour d'un nom, appelé « nom noyau ». Le couple déterminant + nom constitue le groupe nominal dans sa forme la plus simple.
- Tu peux ajouter d'autres mots pour enrichir le nom noyau. Ils ne sont pas essentiels et peuvent être supprimés.
- Le déterminant : il sert à préciser le genre (masculin/féminin) et le nombre (singulier/pluriel).

Singulier		Pluriel
Masculin	Féminin	
Le – Un – Mon – Ton – Son	La – Une – Ma – Ta – Sa	Les – Des – Mes – Tes – Ses

- L'adjectif qualificatif : il donne des caractéristiques qui rendent la description plus détaillée.
- Le complément du nom : groupe de mots qui se compose d'une préposition (de, du, au, sans, pour, contre, à…) et d'un nom qui la suit.

- La proposition subordonnée relative : elle correspond à un groupe de mots introduit par un pronom relatif (qui, que, quoi, dont, où) et qui contient un verbe conjugué. Ce verbe participe à la description du nom noyau, mais il ne désigne pas l'action accomplie par le sujet de la phrase.

Je manipule

1 Souligne les groupes nominaux dans les phrases suivantes.

Au musée de la Préhistoire, les élèves de la classe ont utilisé des outils anciens.

Les bandes dessinées que nous lisons en classe sont toutes de moins de cent pages.

Le programme de cinéma propose de nombreux dessins animés pendant les vacances scolaires.

Le tunnel sous la Manche accueille de nombreux automobilistes français.

Le match de rugby est suivi par les supporters.

Je m'entraîne

2 Complète les groupes nominaux suivants à l'aide d'un adjectif qualificatif de ton choix.

- Le livre .... est sur le bureau.
- La .... dame marche dans la rue.
- Les élèves .... sont très contents.

3 Entoure les compléments du nom dans les phrases suivantes.

- Un voyage en train est moins fatigant qu'un voyage en voiture.
- Je porte un chapeau de paille pour me protéger du soleil de midi.
- Lola mange une glace au chocolat.
- Le hamster de Nino s'est enfui dans le jardin de son voisin.

4 Dans les phrases suivantes, souligne les groupes nominaux et entoure le nom noyau de chacun.

- Le gymnase du collège accueille aussi les élèves de l'école primaire.
- À la cantine de l'école, les enfants mangent un gâteau au chocolat.
- Un orage de grêle s'est abattu sur la ville de Palavas.
- La maison bleue est adossée à la colline de San Francisco.

5 Complète les groupes nominaux suivants avec une proposition subordonnée relative de ton choix.

- Le boulanger ....
- La planète ....
- Un cartable ....

Je sais faire

6 Lis les phrases ci-dessous. Relève tous les groupes nominaux et précise la nature de leurs composants : déterminant, nom, adjectif, complément du nom, proposition subordonnée relative.

Pierre et Mathilde regonflent les ballons de la salle de gym.

→ ....

Les enfants présents sur la plage dévorent des yeux le camion du marchand de glaces.

→ ....

LEÇON 2 J'applique les accords dans le groupe nominal

J'observe

La voiture **verte**. Les fourchettes **en argent**. Les fraises **que l'enfant cueille**.

Je retiens l'essentiel

- **Dans le groupe nominal, l'adjectif suit le nom qu'il qualifie et prend les mêmes marques de genre et de nombre.** Dans la majorité des cas, on ajoute un **-e** pour le féminin et un **-s** pour le pluriel.

  Exemples : Les papillons multicolores — Le papillon multicolore.
  Le petit garçon roux. — La petite fille rousse.

- **Le complément du nom ne s'accorde pas.** Seul le nom noyau porte des marques de genre et de nombre.

  Exemples : Les serpents à sonnette — Des petits rats d'opéra.

- **Le verbe de la proposition relative s'accorde en personne avec le nom juste avant (antécédent).**

  Exemples : Les magiciens qui montent sur la scène font un tour avec des cartes.
  Ma petite sœur a choisi des fruits qui sont bien mûrs.

Pour aller plus loin

Attention avec les propositions subordonnées relatives !

Dans certains cas, tu ne dois pas accorder le verbe avec le nom qui précède **le pronom relatif *où* ou *que***.

- Les pulls que Maman plie.
- La ville où j'ai grandi.

Je vérifie que j'ai bien compris

Accorde correctement les groupes nominaux dans la phrase suivante.

- Les magicien...... qui sont habillés de capes noir...... sont montés sur la piste.
- La voiture doré...... brille avec les reflets du soleil.

Je manipule

1 Entoure les mots qui conviennent dans les phrases suivantes.

Mes *gant/gants chaud/chauds* me protègent bien du froid des *montagne/montagnes*.

Les *maillot/maillots* de *bain/bains* sont obligatoires au bord de la *piscine/piscines*.

La *fleur/fleurs bleue/bleus* ne pousse que dans ce *jardin/jardins extraordinaire/extraordinaires*.

Le garçon aux cheveux *blond/blonds* porte un pull *grise/gris*.

Exercices

Je m'entraîne

2 Dans chaque groupe nominal suivant, souligne le nom principal puis indique son genre et son nombre.

- Les coureurs du marathon → ....
- Le parc de loisirs → ....
- Des pirouettes époustouflantes → ....
- Un buisson d'épines → ....
- Une piste de ski → ....

3 Complète les groupes nominaux suivants en ajoutant un adjectif qualificatif de ton choix. Regarde bien le genre et le nombre.

- Une classe ....
- Un sorcier ....
- Des fleurs ....
- Des champions ....

4 Accorde le verbe des propositions relatives suivantes.

- Les chats qui .... (miauler) sous ma fenêtre me réveillent chaque matin.
- Mon frère qui .... (aimer) les glaces déteste les frites.
- Les nageuses qui .... (s'entraîner) cinq fois par semaine sont très fatiguées.
- La voiture qui .... (griller) le feu rouge est arrêtée par la police.
- Paul et Lola qui .... (tousser) n'iront pas à l'école.

Je sais faire

5 Transforme les groupes nominaux suivants au singulier.

Les oiseaux qui chantent à tue-tête → ....

Les dragons de la mythologie → ....

Les fêtes foraines que j'adore → ....

Les livres préférés d'Arthur → ....

6 Transforme les groupes nominaux suivants au pluriel.

Ce cheval qui arrive au galop → ....

L'arbre de mon enfance → ....

Le jardinier du château → ....

Mon chien obéissant → ....

LEÇON 3 J'apprends à distinguer les types et les formes de phrases

J'observe

Phrase déclarative	Phrase interrogative	Phrase impérative
La Terre tourne autour du Soleil.	Veux-tu manger une orange ?	Ne cours pas dans la maison !

Je retiens l'essentiel

- On distingue **trois types de phrases** :
  – Les **phrases déclaratives** permettent de **raconter**, **décrire**, **expliquer**, **informer**… Elles se terminent par **un point**.
  – Les **phrases interrogatives** permettent de **poser une question**. Elles se terminent par un **point d'interrogation** et présentent souvent une **inversion sujet-verbe**.
  – Les **phrases impératives (ou injonctives)** permettent d'**exprimer un ordre**, **un conseil**, **un souhait** ou **une interdiction**. Elles se terminent soit par **un point**, soit par **un point d'exclamation**.
- On distingue **trois formes de phrases** :
  – La **forme affirmative** correspond à une phrase qui dit **oui**.
  – La **forme négative** correspond à une phrase qui dit **non**. Elle s'écrit souvent avec **ne** (ou **n'**) et **pas**, qui entourent le verbe. D'autres mots marquent la négation : **ne** … **plus**, **personne**, **jamais**, **rien**…
  – La **forme exclamative** permet d'exprimer une **émotion forte**. Dans ce cas, on trouve **un point d'exclamation** à la fin.

Je vérifie que j'ai bien compris

Relie les phrases à leurs types.

Regarde **la ponctuation finale** pour t'aider.

Comment t'appelles-tu ? •	• phrase déclarative
Le Soleil brille dans le ciel. •	• phrase interrogative
Ne parle pas la bouche pleine ! •	• phrase impérative
Veux-tu ouvrir la fenêtre ? •	

Je manipule

1 Ajoute le point qui convient à la fin des phrases suivantes.

L'automne approche …… Le vent se lève et les feuilles prennent des couleurs d'automne …… Comment est-il possible que les températures aient chuté aussi vite …… Comme il fait froid aujourd'hui …… Prends ton manteau si tu ne veux pas être enrhumé ……

Je m'entraîne

2 **Transforme les phrases négatives suivantes en phrases affirmatives et les phrases affirmatives suivantes en phrases négatives.**

Les éléphants ne boivent pas avec leur trompe.

→ ....

Le vent ne se lève jamais le soir.

→ ....

Nathan reste à la cantine et à l'étude.

→ ....

Robin n'aime ni les épinards ni les brocolis.

→ ....

3 **Transforme les phrases déclaratives en phrases interrogatives. Trouve deux manières de les écrire.**

La maîtresse explique les règles de la classe.

→ ....

→ ....

Les enfants empruntent des nouveaux livres à la bibliothèque.

→ ....

→ ....

4 **Transforme les phrases déclaratives suivantes en phrases exclamatives.**

Les tomates poussent dans le jardin.

→ ....

Le vent chasse les nuages.

→ ....

5 **Transforme les phrases suivantes en phrases impératives.**

Il n'a pas rangé sa chambre.

→ ....

Elle n'a pas promené son chien.

→ ....

Je sais faire

6 **Relie chaque phrase au type de phrase correspondant.**

Aimes-tu aller à la mer ? •	
Les lapins ont de grandes oreilles. •	• phrase déclarative
Ne touche pas à ça ! •	• phrase impérative
Que le ciel est bleu ! •	• phrase interrogative
Il n'aime pas les cacahouètes. •	

LEÇON 4 Je différencie les compléments circonstanciels

J'observe

En rentrant de l'école, Lison joue méticuleusement du piano dans sa chambre parce qu'elle prépare l'examen du conservatoire.

- En rentrant de l'école : Complément circonstanciel de temps
- méticuleusement : Complément circonstanciel de manière
- dans sa chambre : Complément circonstanciel de lieu
- parce qu'elle prépare l'examen du conservatoire : Complément circonstanciel de cause

Je retiens l'essentiel

- La **phrase simple** est constituée d'un **sujet (groupe nominal, nom propre, pronom personnel…)** et d'**un verbe conjugué (groupe verbal)**. Ces deux éléments sont **essentiels** pour que la phrase ait du **sens**. Ils ne peuvent **pas être supprimés**.
- Il est possible d'**enrichir une phrase** en ajoutant des mots ou des groupes de mots qui apportent des informations supplémentaires : ce sont les compléments de la phrase. Ils sont **non essentiels** et peuvent **être supprimés ou déplacés**.
  – Le **complément circonstanciel de temps** : apporte des informations sur le temps et répond à la question ***Quand ?***.
  Exemple : **Quand** Lison joue-t-elle du piano ? → **en rentrant de l'école.**
  – Le **complément circonstanciel de manière** : apporte des informations sur la manière et répond à la question ***Comment ?***.
  Exemple : **Comment** Lison joue-t-elle du piano ? → **méticuleusement.**
  – Le **complément circonstanciel de lieu** : apporte des informations sur le lieu et répond à la question ***Où ?***.
  Exemple : **Où** Lison joue-t-elle du piano ? → **dans sa chambre.**
  – Le **complément circonstanciel de cause** : apporte des informations sur la cause et répond à la question ***Pourquoi ?***.
  Exemple : **Pourquoi** Lison joue-t-elle du piano ? → **parce qu'elle prépare l'examen du conservatoire.**

Pour aller plus loin

Tu peux **combiner différents compléments circonstanciels**.

Je manipule

1 Colorie les compléments circonstanciels de temps en bleu, de lieu en vert et de manière en rouge.

en ce moment	à la piscine	à vive allure
dans le Nevada	pieds nus	dans la cour
avec précaution	dans le ciel	depuis longtemps
cet après-midi	jusqu'à ce soir	en faisant beaucoup de bruit

Exercices

Je m'entraîne

2 Complète les phrases suivantes avec un **complément circonstanciel de manière.**

- Les enfants marchent ....
- Nous partons ....
- Le bus scolaire arrive..
- Noah fait ses devoirs ....
- La voiture roule ....
- Les flocons de neige tombent..

3 Complète les phrases suivantes avec un complément circonstanciel **de lieu** ou **de temps.**

- Les enfants font un pique-nique ....
- Le robot est tombé en panne ....
- Maman a préparé une tarte aux pommes ....
- Vous partez en voyage ....
- Nous profitons de la piscine ....

4 Complète les phrases suivantes avec un complément circonstanciel **de manière** ou **de cause.**

- Elle a lavé ses cheveux ....
- Les bateaux rentrent au port ....
- La piscine est froide ....
- Nous mangeons des frites avec du ketchup ....
- Les cochons dévorent leur dîner ....

Je sais faire

5 Réduis les phrases suivantes au minimum en barrant tous les compléments circonstanciels.

- Dans la nuit, la tempête fait rage dehors.
- Sur le bord de la table, un bol de chocolat chaud fume encore.
- Lorsqu'elle joue, Anna adore habiller ses poupées avec de belles robes.
- Quand le froid arrive, le feu crépite dans la cheminée.
- Dans l'herbe, les promeneurs s'installent pour pique-niquer et se reposer.

LEÇON 5 J'accorde correctement les mots

J'observe

La boîte noire. → Les boîtes noires.

Le garçon arrose la plante qui est sèche. → Les garçons arrosent les plantes qui sont sèches.

Je retiens l'essentiel

- Au sein de la phrase, les mots s'accordent entre eux pour former une unité qui fait sens.
- Des mots qui s'accordent entretiennent un rapport qui peut amener leur orthographe à changer.
  – Le déterminant est modifié selon le genre et le nombre du nom.
  Exemple : Le singe → Les singes
  – L'adjectif s'accorde en genre et en nombre avec le nom auquel il se rapporte.
  Exemple : Le singe farceur → Les singes farceurs
  – Le verbe se conjugue selon le temps et la personne.
  Exemple : Le singe saute de branche en branche.
  → Les singes sautent de branche en branche.

Je vérifie que j'ai bien compris

Accorde correctement les mots dans les phrases suivantes.

- Le..... koala..... mange..... de..... feuille..... l'eucalyptus.
- L..... petit..... fille observe..... le..... animaux sauvage......
- L..... singe..... grimpe dans le..... arbre..... haut......

Je manipule

1 Souligne les accords effectués dans les phrases suivantes, comme dans l'exemple.

Les feux rouges s'allument à l'arrière de la voiture.

- Les courgettes fument encore dans le plat.
- Les lourdes grappes de raisin pendent de la vigne.
- L'avion de ligne ne décolle pas.
- La feuille orangée tombe lentement sur le sol.

Exercices

Je m'entraîne

2 Relie deux à deux le pronom et le groupe nominal qui lui correspond.

Il •	• La pianiste
Nous •	• Mes robes
Elle •	• Le jongleur
Vous •	• Mes frères et moi
Elles •	• Les kangourous
Ils •	• Julia et toi

Regarde bien le genre et le nombre des groupes nominaux.

3 Entoure le sujet de chaque phrase et remplace-le par un pronom personnel.

Les bouteilles en verre se sont cassées sur le chemin. → ....

Le clown et l'équilibriste sont prêts pour le spectacle. → ....

Mes cousins et moi adorons faire des cabanes dans les arbres. → ....

Au feu tricolore, les voitures démarrent en trombe. → ....

Les chiens de nos voisins aboient continuellement. → ....

Louis et toi avez vraiment beaucoup de chance d'aller voir ce concert. → ....

4 Trouve des groupes nominaux pour remplacer les pronoms personnels sujets soulignés dans les phrases suivantes.

Dans la forêt, <u>ils</u> ramassent des fruits secs.

→ ....

<u>Il</u> soigne les malades dans le monde entier.

→ ....

<u>Nous</u> arrivons de New York à l'instant.

→ ....

<u>Vous</u> sortez votre chien trois fois par jour.

→ ....

Je sais faire

5 Remplace le nom en gras par celui entre parenthèses, puis fais tous les accords nécessaires.

Ces jeunes **arbres** ont des fourmis plein le tronc. (chêne)

→ ....

La **fusée** atterrit dans une dizaine de minutes. (hélicoptères)

→ ....

Les **écharpes** chaudes me protègent du froid de l'hiver. (gants)

→ ....

L'**ours** malicieux se cache derrière les arbres. (renardes)

→ ....

LEÇON 6 Je conjugue les verbes du 1er groupe et du 2e groupe au présent

J'observe

1er groupe

Travailler	
Singulier	**Pluriel**
Je travaille Tu travailles Il/Elle/On travaille	Nous travaillons Vous travaillez Ils/Elles travaillent

2e groupe

Grandir	
Singulier	**Pluriel**
Je grandis Tu grandis Il/Elle/On grandit	Nous grandissons Vous grandissez Ils grandissent

Je retiens l'essentiel

- La conjugaison des verbes détaille **toutes les formes d'un verbe à un temps donné et avec toutes les personnes**.
- Les **verbes sont divisés en trois groupes**. Les **verbes du 1er groupe** finissent en **-er** à l'infinitif.
- Pour conjuguer les verbes au présent, il faut prendre le verbe à l'infinitif et repérer **le radical** et **la terminaison**.
- Pour obtenir le radical, il suffit de **retirer le -er**.
- À ce radical, tu ajoutes **les terminaisons du présent** : **-e**, **-es**, **-e**, **-ons**, **-ez**, **-ent**.
- À ce radical, tu ajoutes les terminaisons du présent.

→ Pour le 1er groupe : **-e**, **-es**, **-e**, **-ons**, **-ez**, **-ent**.

→ Pour le 2e groupe : **-s**, **-s**, **-t**, **-ons**, **-ez**, **-ent**.

Je vérifie que j'ai bien compris

Complète les terminaisons des verbes dans le tableau suivant.

Deviner		Choisir	
Singulier	**Pluriel**	**Singulier**	**Pluriel**
Je devin.... Tu devin.... Il/Elle/On devin....	Nous devin.... Vous devin.... Ils/Elles devin....	Je chois.... Tu chois.... Il/Elle/On chois....	Nous chois.... Vous chois.... Ils/Elles chois....

Je manipule

1 Relie les pronoms aux phrases qui conviennent.

Ils/Elles •	• garnissons les choux de crème.
Il/Elle/On •	• tombent des arbres en virevoltant dans l'air.
Tu •	• fêtes ton anniversaire dans un jardin.
Vous •	• donnez des biscuits à chaque enfant de la classe.
Nous •	• raconte une blague lue dans un livre.

Pour t'aider, **trouve le verbe** et observe sa terminaison.

Exercices

Je m'entraîne

2 Complète les phrases suivantes avec le verbe gagner conjugué au présent.

- Lucie et Clément .... leur première coupe en compétition.
- L'équipe .... son match et part pour les championnats.
- Je .... le droit d'être chef de rang pour la semaine.
- Pensez qu'en étant organisés, vous .... du temps.
- Nous .... à nous faire connaître. Nous sommes spéciaux.

Coup de pouce

Pour conjuguer les verbes, **cherche le radical et ajoute les terminaisons** vues dans la leçon.

3 Complète les phrases suivantes en conjuguant les verbes indiqués entre parenthèses au présent.

- Après la pluie, je .... (sauter) toujours dans les flaques d'eau. C'est rigolo !
- Les enfants .... (jouer) dans la cour de récréation.
- En début d'année scolaire, nous .... (acheter) le nécessaire pour remplir le cartable.
- Pablo .... (pousser) la porte de ce grand magasin si fantastique.
- Pendant la classe, tu .... (rêver) souvent au dernier voyage que tu as fait.

4 Réécris les phrases suivantes en remplaçant chaque sujet comme indiqué.

Camille et Mathilde se débrouillent très bien toutes seules.

→ Louis ....

Je tape à la porte de mes voisins pour demander un conseil.

→ Nous ....

Elle me borde chaque soir avant que je ne m'endorme.

→ Mes cousines ....

Pense à modifier la **terminaison du verbe** !

Je sais faire

5 Rédige un court texte de cinq lignes avec les verbes suivants. Varie les sujets.

bouger • chuchoter • danser • sauter • guérir

....

....

....

....

....

LEÇON 7 Je conjugue être et avoir et les verbes du 3e groupe au présent

J'observe

Aller		Avoir		Être	
Singulier	Pluriel	Singulier	Pluriel	Singulier	Pluriel
Je vais	Nous allons	J'ai	Nous avons	Je suis	Nous sommes
Tu vas	Vous allez	Tu as	Vous avez	Tu es	Vous êtes
Il/Elle/On va	Ils/Elles vont	Il/Elle/On a	Ils/Elles ont	Il/Elle/On est	Ils/Elles sont

Dire		Faire		Pouvoir	
Singulier	Pluriel	Singulier	Pluriel	Singulier	Pluriel
Je dis	Nous disons	Je fais	Nous faisons	Je peux	Nous pouvons
Tu dis	Vous dites	Tu fais	Vous faites	Tu peux	Vous pouvez
Il/Elle/On dit	Ils/Elles disent	Il/Elle fait	Ils/Elles font	Il/Elle/On peut	Ils/Elles peuvent

Prendre		Tenir		Venir	
Singulier	Pluriel	Singulier	Pluriel	Singulier	Pluriel
Je prends	Nous prenons	Je tiens	Nous tenons	Je viens	Nous venons
Tu prends	Vous prenez	Tu tiens	Vous tenez	Tu viens	Vous venez
Il/Elle/On prend	Ils/Elles prennent	Il/Elle/On tient	Ils/Elles tiennent	Il/Elle/On vient	Ils/Elles viennent

Je retiens l'essentiel

- Certains verbes ont des **conjugaisons irrégulières** avec des **changements importants** d'une personne à l'autre : il peut arriver qu'on ne reconnaisse presque pas la forme du verbe car le **radical est transformé**. Il faut donc **apprendre ces conjugaisons par cœur**.
- C'est le cas des **auxiliaires être et avoir**, mais aussi des **verbes du 3e groupe**, qui regroupe les verbes avec des infinitifs en **-oir**, **-aire** et les verbes en **-ir** dont la 1re personne du pluriel n'est **pas en -issons**.

Je manipule

1 Relie chaque sujet au verbe qui correspond.

Nous •	• sommes en vacances.
Je •	• a peur des araignées.
Ils •	• faites beaucoup de bruit.
Tu •	• disent des devinettes.
Vous •	• peux manger tout seul.
Elle •	• as une tente.
Elles •	• prend toujours des fruits en dessert.
Il •	• viennent pour le goûter.

Exercices

Je m'entraîne

Souviens-toi des pronoms : je/j', tu, il/elle/on, nous, vous, ils/elles.

2 Complète les phrases suivantes avec le pronom qui convient.

- …… veux faire tes devoirs à l'étude.
- …… tenons les rênes de nos chevaux avec prudence.
- …… est installé au bord de l'étang.
- …… avez beaucoup de facilité au piano.
- …… fais des crêpes pour le goûter de mes amis.

3 Entoure le verbe conjugué qui convient dans les phrases suivantes.

- Ma peluche *viens/vient/viennent* de chez ma grand-mère.
- Nous *somme/sommes/avons* en voyage dans le nord de la France.
- J'*ai/es/est* honte d'être tombé devant tout le monde.
- Les hirondelles *font/fait/faisons* leur nid au printemps.
- Vous *disiez/dites/disons* toujours la même chose.

4 Conjugue les verbes indiqués entre parenthèses au présent.

- Mes sœurs ……………… (aller) au cinéma pour voir un dessin animé.
- Tu ……………… (vouloir) une gaufre pour le goûter.
- Les filles et toi……………… (tenir) l'échelle pour qu'il ne tombe pas.
- Les koalas ……………… (être) très immobiles.
- Je ……………… (dire) souvent des sornettes.
- Enola et moi ……………… (avoir) une peur bleue des serpents.
- Elles ……………… (pouvoir) jouer de la guitare dans un groupe.
- Ton copain ……………… (faire) des caprices à chaque instant.

Je sais faire

5 Rédige un court texte de cinq lignes avec les verbes suivants. Varie les sujets.

aller • avoir • dire • être • pouvoir

……………………………………………………………………………………………………

……………………………………………………………………………………………………

……………………………………………………………………………………………………

……………………………………………………………………………………………………

……………………………………………………………………………………………………

LEÇON 8

Je révise les irrégularités du présent

J'observe

Je protège Elle allège Nous nageons

Je retiens l'essentiel

- Le présent est le temps le plus fréquemment utilisé à l'oral et à l'écrit. Pour le maîtriser, il faut maîtriser les verbes qui ont des formes irrégulières au présent. Voici quelques transformations qui se produisent au présent pour certains types de verbes.

Les verbes en -eter ou -eler	Les verbes en -ger	Les verbes en -cer
Ces verbes prennent un accent ou non sur le -e selon que tu entends « e » ou « è » avant la dernière syllabe. Si tu entends « e » avant la dernière syllabe, alors tu ne doubles pas la consonne. Si tu entends « è », il faut doubler la consonne.	À la première personne du pluriel, il faut ajouter -e après la lettre g afin de garder le son [j].	Avec la première personne du pluriel, la lettre c prend une cédille : ç. Cela permet de garder le son [s].
J'achète, nous achetons. J'appelle, vous appelez.	Nous mangeons.	Nous lançons.
Voici d'autres verbes en -eter : crocheter, haleter, jeter. Voici d'autres verbes en -eler : déceler, ciseler, geler, modeler, peler.	Voici d'autres verbes en -ger : changer, charger, corriger, interroger, juger, obliger, partager, plonger, ranger, songer.	Voici d'autres verbes en -cer : avancer, balancer, bercer, commencer, déplacer, enfoncer, enlacer, grincer, pincer, placer, prononcer, tracer.

Je manipule

1 Conjugue les verbes suivants.

	Balancer	Interroger
Je/J'	....	....
Tu	....	....
Il/Elle/On	....	....
Nous	....	....
Vous	....	....
Ils/Elles	....	....

Exercices

Je m'entraîne

2 Complète les phrases suivantes avec le pronom qui convient.

- À peine arrivés sur leur lieu de vacances, ... enlaçons nos amis.
- À bord du bateau, ... plongeons dans les eaux claires de la mer d'Égypte.

- Depuis longtemps, ... songez à changer de métier.
- Assis sur une petite table, ... modèle des animaux avec de la pâte à modeler.
- .... oblige son petit frère à venir construire une cabane avec elle.

3 Conjugue les verbes indiqués entre parenthèses au présent.

- Quand ils ne sont pas ensemble, Marie .... (appeler) son cousin.
- Bien au chaud sur le canapé, nous .... (commencer) un film.
- Les déménageurs .... (jeter) des cartons vides.
- Vous .... (coincer) le jouet de votre petit frère dans la grille.
- Pendant le marché, elle............................. (acheter) des fruits et légumes.

4 Entoure le verbe conjugué au présent qui convient dans les phrases ci-dessous.

- Après le passage de nos amis, nous *range/rangions/rangeons* notre chambre.
- Cette nuit, les étoiles *étincèlent/étincellent/étincelant* dans le ciel sombre.
- Les habitants de cet immeuble *jette/jeta/jettent* les ordures organiques au compost.
- Nous *échangeons/échangions/échangez* notre vêtement trop petit.
- Le marchand de légumes *pesons/pèsent/pèse* les bacs sur une vieille balance.

Je sais faire

5 Réécris les phrases suivantes avec le sujet indiqué.

Mes parents congèlent les légumes pour pouvoir faire des soupes plus facilement.

→ Vous ....

Je range la chambre pour éviter que le désordre ne devienne trop important.

→ Nous ....

Nous appelons notre grand-mère au moins une fois par semaine.

→ Tu ....

LEÇON 9

Je conjugue les verbes du 1er groupe et du 2e groupe au futur

J'observe

1er groupe — 2e groupe

Sauter		Finir	
Singulier	Pluriel	Singulier	Pluriel
Je sauterai Tu sauteras Il/Elle/On sautera	Nous sauterons Vous sauterez Ils/Elles sauteront	Je finirai Tu finiras Il/Elle/On finira	Nous finirons Vous finirez Ils/Elles finiront

Je retiens l'essentiel

- Au futur, les verbes désignent **des actions qui ne se sont pas encore produites et qui auront lieu dans l'avenir**.
- Pour conjuguer un verbe au futur, pour le cas général, tu dois prendre **le verbe à l'infinitif** et ajouter **les terminaisons du futur** : **-ai**, **-as**, **-a**, **-ons**, **-ez**, **-ont**.

Exemple : je danserai, tu danseras, il dansera, nous danserons, vous danserez, ils danseront.

Je vérifie que j'ai bien compris

Complète les terminaisons des verbes dans le tableau suivant.

Deviner		Choisir	
Singulier	Pluriel	Singulier	Pluriel
Je deviner...... Il/Elle/On deviner...... Tu deviner......	Nous deviner...... Vous deviner...... Ils/Elles deviner......	Je choisir...... Tu choisir...... Il/Elle/On choisir......	Nous choisir...... Vous choisir...... Ils/Elles choisir......

Je manipule

1. Relie le sujet au verbe qui correspond.

Les enfants •	• franchiras.
Mon cousin et moi •	• ramasserez.
Ton meilleur ami •	• divertirons.
Je •	• quitterai.
Lyséa et toi •	• arrivera.
Tu •	• mangeront.
Elle •	• choisiront.
Ils •	• dansera.

Pour t'aider, regarde **les terminaisons** des verbes.

Exercices

Je m'entraîne

2 Conjugue les verbes suivants indiqués entre parenthèses.

- Les médecins .... (soigner) les patients.
- Pour faire plaisir à mes amis, je .... (préparer) des crêpes pour le goûter.
- Nous .... (finir) les corvées de la journée avant de vous rejoindre.
- Tu .... (vernir) la planche avant de l'accrocher au mur.

3 Complète les phrases suivantes avec les verbes proposés, en les conjuguant au futur.

galoper • saluer • imaginer • regarder

- Impatients, les enfants .... par la fenêtre pour guetter votre arrivée.
- Pauline .... les plans de sa future maison.
- Les chevaux ...., libres, à travers champs pour se dégourdir les pattes.
- Nous .... le public à la fin de notre spectacle.

4 Dans les phrases suivantes, remplace le sujet par celui indiqué.

Les volleyeurs lanceront des balles à plus de 90 km/h.

→ Le footballeur ....

Je fermerai la porte pour éviter les courants d'air.

→ Nous ....

Tu te laveras les dents juste après manger.

→ Vous ....

Tu me donneras ton cadeau la prochaine fois que nous nous verrons.

→ Mes parents ....

Je sais faire

5 Réécris les phrases suivantes au futur.

Le hibou chasse la nuit et dort le jour.

→ ....

Maëlys répare sa bicyclette pour pouvoir partir en promenade avec ses amis.

→ ....

Nous fabriquons une carte de vœux pour l'envoyer à nos grands-parents.

→ ....

Les enfants récitent la poésie apprise pendant le week-end.

→ ....

LEÇON 10 Je conjugue les verbes irréguliers au futur

J'observe

Aller		Avoir		Être	
Singulier	Pluriel	Singulier	Pluriel	Singulier	Pluriel
J'irai Tu iras Il/Elle/On ira	Nous irons Vous irez Ils/Elles iront	J'aurai Tu auras Il/Elle/On aura	Nous aurons Vous aurez Ils/Elles auront	Je serai Tu seras Il/Elle/On sera	Nous serons Vous serez Ils/Elles seront
Dire		**Faire**		**Pouvoir**	
Singulier	Pluriel	Singulier	Pluriel	Singulier	Pluriel
Je dirai Tu diras Il/Elle/On dira	Nous dirons Vous direz Ils/Elles diront	Je ferai Tu feras Il/Elle fera	Nous ferons Vous ferez Ils/Elles feront	Je pourrai Tu pourrais Il/Elle/On pourra	Nous pourrons Vous pourrez Ils/Elles pourront
Prendre		**Tenir**		**Venir**	
Singulier	Pluriel	Singulier	Pluriel	Singulier	Pluriel
Je prendrai Tu prendras Il/Elle/On prendra	Nous prendrons Vous prendrez Ils/Elles prendront	Je tiendrai Tu tiendras Il/Elle/On tiendra	Nous tiendrons Vous tiendrez Ils/Elles tiendront	Je viendrai Tu viendras Il/Elle/On viendra	Nous viendrons Vous viendrez Ils/Elles viendront

Je retiens l'essentiel

- Au futur, de nombreux verbes du 3e groupe ont leur radical qui se transforme.
- Si l'infinitif du verbe se termine par un -e, il faut le retirer puis ajouter les terminaisons.
- Les verbes comme tenir ou venir ont la particularité de conserver leur radical appelé « diphtongué » tien- et vien-.

Pour retenir les particularités des verbes irréguliers, il faut les apprendre par cœur.

Je manipule

1 Relie le sujet au verbe qui correspond.

Je •	• tiendrons la rampe.
Tu •	• ira en direction de la rivière.
Elle •	• viendrai chez vous.
Nous •	• ferez des gâteaux.
Vous •	• auras de la chance.
Ils •	• tiendront le coupable.
Il •	• prendra le train.

N'oublie pas, le radical peut se transformer.

Exercices

Je m'entraîne

2 Complète les phrases suivantes avec le pronom personnel sujet qui convient.

- Pour le réveillon, ... ferons la fête pendant des heures.
- .... voudront faire un match de football.
- Pour ton anniversaire, ... voudras partir en camping et faire griller des chamallows.
- Dans ma cabane, ... aurai un lit et des couvertures pour pouvoir dormir durant les nuits chaudes d'été.

Souviens-toi des pronoms personnels sujets : je/j' ; tu ; il/elle/on ; nous ; vous ; ils/elles !

3 Entoure le verbe conjugué correctement dans les phrases suivantes.

- Je *tiendra/tiendrai/tiendrez* le pot pendant que tu arroseras la plante.
- Nous *serons/seront/sera* sous les couvertures pour lire un livre en cachette.
- Les enfants de la classe *voudra/voudrons/voudront* faire une sortie en fin d'année.
- Lors de la kermesse, les maîtresses *fera/feront/ferons* un joli discours.
- Dans quelques années, vous *aurai/aurez/aura* plus de chances d'être pris aux championnats.

4 Conjugue les verbes indiqués entre parenthèses au futur.

- Mathilde et sa sœur .... (aller) à la bibliothèque.
- Kevin .... (vouloir) avoir une batterie.
- Plus grande, je .... (être) une chirurgienne.
- Pour ton cours de natation, tu .... (avoir) tes lunettes de piscine.

Je sais faire

5 Réécris les phrases suivantes au futur.

Souviens-toi, le radical peut se transformer.

J'ai beaucoup de chance de t'avoir près de moi.

→ ....

Les pêcheurs font plusieurs fois le tour du lac pour trouver l'endroit idéal.

→ ....

Nous sommes sur le chantier pour vérifier l'avancement des travaux de la future maison.

→ ....

LEÇON 11 Je conjugue les verbes du 1er groupe et du 2e groupe à l'imparfait

J'observe

1er groupe — 2e groupe

Inviter		Finir	
Singulier	**Pluriel**	**Singulier**	**Pluriel**
J'invitais	Nous invitions	Je finissais	Nous finissions
Tu invitais	Vous invitiez	Tu finissais	Vous finissiez
Il/Elle/On invitait	Ils/Elles invitaient	Il/Elle/On finissait	Ils/Elles finissaient

Je retiens l'essentiel

Ne confonds pas la terminaison des verbes à la première personne du singulier : -ai (futur) et -ais (imparfait).

- L'imparfait est employé pour faire des descriptions, pour parler d'actions habituelles dans le passé ou qui ont duré dans le temps.
- Pour conjuguer un verbe du 1er groupe ou du 2e groupe à l'imparfait, tu dois prendre le radical du verbe à la 1re personne du pluriel au présent de l'indicatif et ajouter les terminaisons de l'imparfait : -ais, -ais, -ait, -ions, -iez, -aient.

Je vérifie que j'ai bien compris

Complète les terminaisons des verbes dans le tableau suivant.

Deviner		Choisir	
Singulier	**Pluriel**	**Singulier**	**Pluriel**
Je devin....	Nous devin....	Je choisiss....	Nous choisiss....
Tu devin....	Vous devin....	Tu choisiss....	Vous choisiss....
Il/Elle/On devin....	Ils/Elles devin....	Il/Elle/On choisiss....	Ils/Elles choisiss....

Je manipule

1 Conjugue les verbes suivants à l'imparfait.

	Laisser	Franchir
Je	....	....
Tu	....	....
Il/Elle/On	....	....
Nous	....	....
Vous	....	....
Ils/Elles	....	....

Exercices

Je m'entraîne

2 Complète les phrases suivantes avec le pronom qui convient.

- Avant que vous arriviez, ... passais l'aspirateur dans toute la maison.
- Quel livre lisiez-.................. quand vous étiez petits ?
- Pour aller plus vite, ... cuisinait des pâtes à la bolognaise.
- .... regardions le pâtissier confectionner des gâteaux.
- Une fois à la piscine,.................. nageaient jusqu'à en être épuisés.

3 Conjugue les verbes suivants, indiqués entre parenthèses, à l'imparfait.

- Je .... (sentir) bien que quelque chose n'allait pas.
- Pendant la tempête, les arbres .... (bouger) de manière assez violente.
- Durant toute l'enfance, vous .... (grandir) de manière très régulière.
- Tu .... (ranger) la salle de classe tous les soirs avant de partir.
- Nous .... (demander) la permission à nos parents pour aller au cinéma.

4 Réécris les phrases suivantes en remplaçant chaque sujet par celui indiqué.

Nous nous arrêtions toutes les deux heures pour éviter d'être fatigués.

→ Ils ....

Aladin sautait dans la grotte pour récupérer le trésor et la lampe magique.

→ Aladin et Abu ....

Vous ne vous déplaciez qu'en bus lorsque vous étiez à Londres.

→ Tu ....

Tu semais des graines de tomates dès le mois de mars pour avoir des plants en mai.

→ Les agriculteurs ....

Je sais faire

Coup de pouce

Souviens-toi des terminaisons : -ais, -ais, -ait, -ions, -iez, -aient.

5 Réécris les phrases suivantes à l'imparfait.

Le ciel s'illumine au petit matin avec le lever du soleil.

→ ....

Jeanne et Louis partiront en vacances au bord de la rivière.

→ ....

Nous pensons avoir du temps pour faire nos devoirs.

→ ....

LEÇON 12 Je conjugue être et avoir et les verbes du 3e groupe à l'imparfait

J'observe

Aller		Avoir		Être	
Singulier	Pluriel	Singulier	Pluriel	Singulier	Pluriel
J'allais Tu allais Il/Elle/On allait	Nous allions Vous alliez Ils/Elles allaient	J'avais Tu avais Il/Elle/On avait	Nous avions Vous aviez Ils/Elles avaient	J'étais Tu étais Il/Elle/On était	Nous étions Vous étiez Ils/Elles étaient
Dire		**Faire**		**Pouvoir**	
Singulier	Pluriel	Singulier	Pluriel	Singulier	Pluriel
Je disais Tu disais Il/Elle/On disait	Nous disions Vous disiez Ils/Elles disaient	Je faisais Tu faisais Il/Elle/On faisait	Nous faisions Vous faisiez Ils/Elles faisaient	Je pouvais Tu pouvais Il/Elle/On pouvait	Nous pouvions Vous pouviez Ils/Elles pouvaient
Prendre		**Tenir**		**Venir**	
Singulier	Pluriel	Singulier	Pluriel	Singulier	Pluriel
Je prenais Tu prenais Il/Elle/On prenait	Nous prenions Vous preniez Ils/Elles prenaient	Je tenais Tu tenais Il/Elle/On tenait	Nous tenions Vous teniez Ils/Elles tenaient	Je venais Tu venais Il/Elle/On venait	Nous venions Vous veniez Ils/Elles venaient

Je retiens l'essentiel

- Certains verbes ont des conjugaisons irrégulières avec des changements importants d'une personne à l'autre. Il peut arriver qu'on ne reconnaisse presque pas la forme du verbe car le radical lui-même est transformé. Il faut donc apprendre ces conjugaisons par cœur.

Je manipule

1 Conjugue les verbes suivants à l'imparfait.

	Dire	Faire
Je	....	....
Tu	....	....
Il/Elle/On	....	....
Nous	....	....
Vous	....	....
Ils/Elles	....	....

Exercices

Je m'entraîne

2 Entoure le verbe qui convient dans les phrases suivantes.

- Le facteur n'*avais/avait/avaient* pas de courrier pour moi aujourd'hui.
- Le chien *voyais/voyait/voyaient* les enfants jouer dans la cour de l'immeuble.
- Quand nous étions petits, nous *faisions/faisiez/faisaient* souvent des gaufres pour le goûter.
- Quand je vous *disais/disiez/disait* qu'il fallait partir plus tôt pour éviter d'être en retard !
- Pour acheter des livres au vide-greniers, tu *prenais/prenait/preniez* de la monnaie.

3 Conjugue les verbes suivants, indiqués entre parenthèses, à l'imparfait.

- Je .... (voir) déjà le jour où j'arriverais au collège.
- Les écureuils .... (faire) des provisions pour l'hiver.
- Nous .... (être) en forme pour la randonnée.
- Nina et Mila .... (avoir) un gala de danse le week-end dernier.
- Vous .... (dire) à vos amis d'éviter de vous appeler quand il était trop tard.

4 Réécris les phrases suivantes en remplaçant chaque sujet par celui indiqué.

Mes chaussures n'étaient pas faites pour une si grande randonnée.

→ Ma grand-mère ....

Nous avions confiance en elle et savions qu'elle arriverait à passer ton audition.

→ Vous ....

J'étais au centre commercial pour acheter le cadeau d'anniversaire de mon meilleur ami.

→ Tu ....

Vous faisiez un château de sable au bord de la mer pendant vos vacances.

→ Mes cousines ....

Je sais faire

5 Réécris les phrases suivantes à l'imparfait.

Vous prendrez l'avion à l'aéroport Charles-de-Gaulle.

→ ....

Le chat de mon voisin fait des bêtises tous les jours.

→ ....

Je vois un film au cinéma avec ma sœur.

→ ....

LEÇON 13

Je conjugue les verbes du 1er groupe et du 2e groupe au passé composé

J'observe

1er groupe		2e groupe	
Rentrer		**Finir**	
Singulier	**Pluriel**	**Singulier**	**Pluriel**
Je suis rentré(e)	Nous sommes rentré(e)s	J'ai fini	Nous avons fini
Tu es rentré(e)	Vous êtes rentré(e)s	Tu as fini	Vous avez fini
Il/Elle/On est rentré(e)	Ils/Elles sont rentré(e)s	Il/Elle/On a fini	Ils/Elles ont fini

Je retiens l'essentiel

- Le passé composé est un temps composé. Il est constitué de deux éléments : l'auxiliaire (être ou avoir) au présent de l'indicatif et le participe passé du verbe à conjuguer.
- Le participe passé est l'une des formes que peut prendre le verbe. Chaque verbe a donc un participe passé :

– Pour les verbes du 1er groupe : infinitif en -er → participe passé en -é.

Exemple : Je suis allé à la boulangerie et j'ai acheté du pain.

– Pour les verbes du 2e groupe : infinitif en -ir → participe passé en -i.

Exemple : J'ai fini mes exercices.

Pour aller plus loin

Avec l'auxiliaire être, le participe passé s'accorde toujours en genre et en nombre avec le sujet.

Exemple : Elle est servi**e**.

Avec l'auxiliaire avoir, le participe passé ne s'accorde jamais avec le sujet ; il s'accorde avec le COD uniquement s'il est placé avant le verbe.

Exemple : Elle a emprunté des livres
(a emprunté → Verbe ; des livres → COD)

et **les** a rapportés à la bibliothèque.
(les → pronom reprenant le COD « des livres » ; a rapportés → Verbe)

Je vérifie que j'ai bien compris

Complète les terminaisons des verbes dans le tableau suivant.

Danser	Bâtir
J'........................	J'........................
Tu	Tu ....
Il/Elle	Il/Elle ....
Nous	Nous ....
Vous	Vous ....
Ils/Elles	Ils/Elles ....

Je manipule

1 Souligne les verbes conjugués au passé composé dans chacune des phrases suivantes.

- Nous avons raconté l'histoire à Emma.
- Ils sont poussés par le vent.
- J'ai préparé une quiche.
- Pierre a choisi sa prochaine lecture.

Exercices

Je m'entraîne

2 Relie le sujet au verbe qui convient.

Je •	• ont travaillé dur pour avoir de bonnes notes.
Le manchot •	• avez jonglé avec des balles de tennis.
Toi et moi •	• a nagé dans le lac.
Tu •	• avons fini de manger.
Vous •	• as porté beaucoup de bagages jusqu'à la voiture.
Les filles de ma classe •	• suis arrivée la première lors de la course.

3 Conjugue les verbes suivants, indiqués entre parenthèses, au passé composé.

- Nous .... (passer) les premiers à la cantine.
- Mon père .... (se déplacer) pour venir me chercher plus tôt.
- Arthur et Jean .... (manger) des fruits.
- Vous .... (rester) pour prendre le goûter.
- J'.............................. (franchir) la barrière du jardin des voisins.
- Dans son terrier, la petite lapine .... (rester) dormir toute la journée.

Trouve d'abord avec **quel auxiliaire** s'emploie le verbe (**être** ou **avoir**) et **pense aux accords !**

4 Réécris les phrases suivantes en remplaçant chaque sujet par celui indiqué.

Les voyageurs sont émerveillés par la splendeur des paysages !

→ Je..

Nous avons pensé qu'il serait une bonne idée de changer d'hôtel.

→ Tu ....

Vous êtes restés dans la même ville pendant tout votre séjour.

→ Mes amies ....

Je sais faire

5 Réécris les phrases suivantes au passé composé.

Tu penses faire de ton mieux et tu as raison.

→ ....

Nous restons à la maison pour regarder des films.

→ ....

Vous jouez aux cartes pendant tout l'après-midi.

→ ....

LEÇON 14

Je conjugue être et avoir au passé composé

J'observe

Avoir		Être	
Singulier	Pluriel	Singulier	Pluriel
J'ai eu Tu as eu Il/Elle/On a eu	Nous avons eu Vous avez eu Ils/Elles ont eu	J'ai été Tu as été Il/Elle/On a été	Nous avons été Vous avez été Ils/Elles ont été

Je retiens l'essentiel

- Les verbes être et avoir sont très fréquents, il est donc important de maîtriser leur conjugaison.
- Au passé composé, ils se conjuguent tous les deux avec l'auxiliaire avoir. Tu dois donc conjuguer l'auxiliaire avoir au présent puis ajouter le participe passé : été pour être et eu pour avoir.

Pour aller plus loin

L'utilisation de l'auxiliaire avoir pour les verbes être et avoir ne change jamais pour tous les temps composés que tu découvriras plus tard :

- plus-que-parfait,
- futur antérieur,
- passé antérieur.

Je vérifie que j'ai bien compris

Complète le tableau de conjugaison suivant.

Être	Avoir
J'............................	J'............................
Tu	Tu ....
Il/Elle/On	Il/Elle/On ....
Nous	Nous ....
Vous	Vous ....
Ils/Elles	Ils/Elles ....

Je manipule

1 Colorie les conjugaisons du verbe être au passé composé en violet et les conjugaisons du verbe avoir au passé composé en rouge.

Nous avons eu	Tu as eu	Ils/Elles ont été
Il/Elle/On a eu	J'ai eu	Vous avez eu
J'ai été	Il/Elle/On a été	Nous avons été
Vous avez été	Ils/Elles ont eu	Tu as été

Exercices

Je m'entraîne

2 Complète les phrases suivantes avec le pronom qui convient.

- .... ont eu de la chance d'échapper à la pluie lors de leur promenade.
- Pendant toute l'année, ... ai été à côté de mon meilleur ami en classe.
- .... avons eu vraiment très peur quand le sanglier s'est approché de nous.
- .... as été très courageux quand tu t'es blessé au bras.
- Dans le désert, ... avaient des chameaux qui avançaient vraiment très vite.

3 Relie le sujet au verbe qui convient.

Élise, Marie et toi •	• avons eu peur.
J' •	• ont été généreux.
Tu •	• a eu mal à la tête.
Mon ami •	• avez été gentilles.
Nous •	• ai eu des bonbons.
Les marchands de glace •	• as été chanceux.

Regarde bien le sujet.

4 Conjugue les verbes suivants, indiqués entre parenthèses, au passé composé.

- Ma peluche .... (être) abîmée par ma cousine.
- La gymnaste .... (avoir) confiance en montant sur la poutre.
- Pendant le repas, les invités .... (avoir) du mal à finir leur repas.
- J'............................. (être) chanceux d'être dans cette école.
- Les légumes .... (être) posés sur l'étal ce matin.

Je sais faire

5 Réécris les phrases suivantes en remplaçant chaque sujet par celui indiqué.

La photographie a été floue au développement.

→ Les photographies ....

Les grands oiseaux ont eu peur quand l'enfant a tapé dans ses mains.

→ Le grand panda ....

Vous avez été extrêmement gentils avec lui.

→ Nous ....

J'ai eu beaucoup de mal à me faire des amis.

→ Les nouveaux arrivants ....

LEÇON 15 J'apprends à utiliser un dictionnaire

J'observe

la nature et le genre

les mots de la même famille

école n.f. ❶ Établissement d'enseignement général. *Je vais à l'école primaire.* ❷ Établissement d'enseignement spécialisé. *J'apprends le piano dans une école de musique.*
▶ **écolier, ère** n. Enfant qui va à l'école maternelle ou primaire. → Vois aussi **élève**.

les différents sens

l'exemple

le synonyme

Je retiens l'essentiel

- Voici l'ordre alphabétique

A	B	C	D	E	F	G	H	I	J	K	L	M
N	O	P	Q	R	S	T	U	V	W	X	Y	Z

- Dans un dictionnaire, les mots sont rangés dans l'**ordre alphabétique**.
- Les mots sont tout d'abord **classés en suivant les premières lettres du mot**.
  Exemple : feuille – plume – abricot → abricot – feuille – plume
- Quand la première lettre est identique, il faut **comparer les deuxièmes lettres** et appliquer l'ordre alphabétique.
  Exemple : feuille – fourmi – fleur → feuille – fleur – fourmi
- Si les deuxièmes lettres sont identiques, il faut appliquer l'ordre alphabétique à la troisième lettre et ainsi de suite.
- Le dictionnaire est un **outil qui a plusieurs fonctions** :
  – Tu peux vérifier l'**orthographe** d'un mot.
  – Tu peux apprendre son **sens**, son **origine**, ses **définitions**, son **genre** et sa **nature**.
  – Tu peux aussi trouver un **synonyme** (mot de même sens) ou un **antonyme** (mot de sens contraire) au mot cherché.

Je manipule

1 Replace les mots des listes suivantes dans l'ordre alphabétique.

grammaire • orthographe • numération • géométrie • vocabulaire • calcul

→ ....

ski • rugby • football • futsal • roller • skate

→ ....

koala • panda • otarie • pieuvre • kangourou • ocelot

→ ....

Je m'entraîne

2 Relie les mots qui conviennent entre chaque paire de mots suivants.

navigation — .... — nuage

nageuse • niche • nuageux • nuée

monstruosité — .... — morse

monstre • monstrueux • montage • montagne

panier — .... — paon

panda • pangolin • panique • panneau • panoplie

joyau — .... — juger

jucher • judo • judoka • juguler • jumeau

3 Dans chaque liste, entoure en vert le premier mot dans l'ordre alphabétique et en violet le dernier comme dans l'exemple.

- papier – paperasse – papaye – papa – papeterie – papi – pape
- balance – balançoire – balancer – balcon – balai – ballerine – baliverne
- clavecin – caleçon – câliner – calepin – clapier – claver – câlin
- marquage – marcassin – marteau – marteler – marquer – marmonner – marinière
- formation – forcené – forestier – fromage – forfait – former – forêt

4 Relie les abréviations à leur signification.

syn. •	• verbe
n. f. •	• remarque
n. m. •	• synonyme
v. •	• contraire
adj. •	• nom féminin
rem. •	• adjectif
contr. •	• nom masculin

Coup de pouce
Aide-toi de la première lettre des mots pour reconnaître les abréviations.

Je sais faire

5 Cherche le mot suivant dans le dictionnaire et écris sa définition.

- furet → ....

....

LEÇON 16 Je reconnais les familles de mots et j'identifie les préfixes et les suffixes

J'observe

malheureux — heureux — heureusement

mal : préfixe — heureux : radical — ment : suffixe

Je retiens l'essentiel

- Les mots de la même famille sont construits à partir d'une racine commune, appelée radical. Ils peuvent être de natures différentes (noms, adjectifs, verbes, adverbes...).
- Ils renvoient à une même idée, ils ont donc un sens commun.
  Exemple : danse (nom), danseur (nom), dansé (adjectif), danser (verbe)
- Ces deux critères sont nécessaires pour déterminer si deux mots appartiennent à la même famille.
  Exemple : terreau, terreur → ne proviennent pas de la même racine et ne renvoient pas à la même idée ≠ même famille. Tu peux te fier au sens du mot pour t'aider.
- À partir du radical, il est possible de former d'autres mots, appelés mots dérivés, en ajoutant un préfixe, un suffixe ou les deux à la fois.

Pour aller plus loin

Les préfixes et les suffixes sont des unités de sens, c'est-à-dire qu'ils apportent une information particulière qui transforme le sens du mot initial.

– il-/in-/dé-/mé- → sens contraire
Exemples : illogique, incroyable, démodé, mésentente.

– tri-/bi-/mono-/multi- → quantité
Exemples : monopalme, binôme, tricycle, multiculturel.

– pré → antériorité (avant)
Exemple : préséance

– re-/ré- → répétition
Exemples : recommencer, réutiliser.

Je vérifie que j'ai bien compris

Entoure les mots de la même famille en bleu.

danse — danseur — danser
dans — dansé

illogique — logique
logiquement — sagesse
logis

Je manipule

1 Colorie de la même couleur les mots appartenant à la même famille.

voler	surligner	large	largeur
élargissement	alignement	survol	clairsemé
envol	éclaireur	volière	éclairage
clairière	lignage	souligner	élargir

Exercices

Je m'entraîne

2 Souligne le radical commun des mots composant chacune de ces familles.

dent • dentier • édenté • dentaire • dentiste

imprudent • prudence • prudemment • imprudente

porte • apporter • emporter • portage • transporter

lumière • illuminer • lumineux • illumination • allumer

3 Sur chaque ligne, entoure les mots de la même famille que le mot en gras.

habiter → habitant • habitude • inhabité • habitation • habits

long → longueur • longer • lampe • rallonge • large

monter → surmonter • montagne • monde • émonder • démonter

pot → potier • potiron • rempoter • potimarron • potion • poterie

4 Relie les mots de même famille.

temps •	• buveur
chaleur •	• chaud
pied •	• piéton
boire •	• intemporel

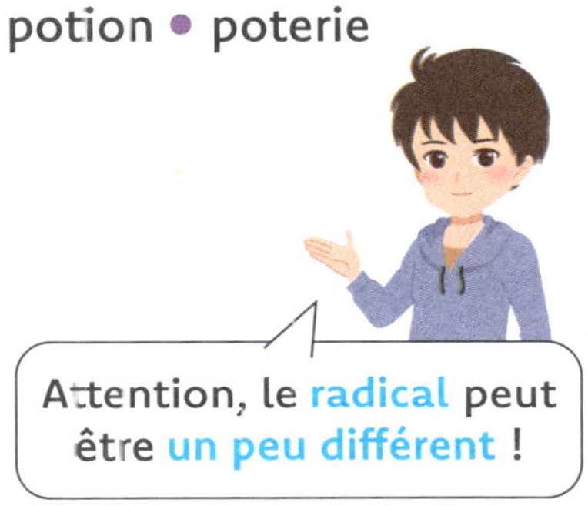

5 Lis les mots suivants. Retrouve les quatre familles de mots, puis classe les mots dans le tableau.

chaussure • peindre • lent • lentement • nouveau • chausser • peinture • chaussette • renouveler • nouveauté • peintre • déchausser • nouvelle • repeindre • ralentissement • lenteur

Famille de	Famille de	Famille de	Famille de ....

Je sais faire

6 Pour chaque mot, trouve un mot dérivé en ajoutant un préfixe ou un suffixe, puis utilise-le dans une phrase qui en éclairera le sens.

possible préfixe : .... suffixe : ....

→ ....

grandir préfixe : .... suffixe : ....

→ ....

Je distingue les homophones

J'observe

Le **cygne** est dans l'eau.

Je lui ai fait un **signe** de la main.

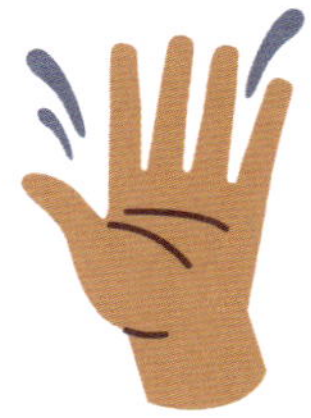

Je retiens l'essentiel

- Les **homophones sont des mots qui se prononcent de la même manière**, mais qui n'ont **pas la même orthographe ni la même signification**.
- Ils peuvent donc être une **source d'erreur**, lorsqu'on cherche à les écrire, car il faut savoir trancher entre plusieurs options. Si l'on se trompe dans le choix de l'homophone, **le sens de la phrase change et peut devenir incorrect**.

Exemple : Le verre s'est cassé.
Cendrillon avait une pantoufle de vair.
Il a les yeux verts.
Je me dirige vers le nord.
Le ver de terre est un acteur essentiel au compost.

Je manipule

1 Complète chaque phrase suivante avec le mot qui convient.

Tu peux t'aider d'**un dictionnaire** pour trouver le **sens** des mots.

- maire/mère

→ Le .... de la ville a décidé que le centre-ville serait piéton.

→ C'est le parapluie de ma .... Elle me l'a prêté.

- cour/court

→ Le trajet pour aller à l'école est très ....

→ Dans la .... de récréation, j'aime bien courir pour me dégourdir les jambes.

- port/porc

→ Dans le ...., les bateaux viennent s'amarrer.

→ Chez le fermier, le .... est dans la porcherie.

- amande/amende

→ Pour le gâteau, il faut de la poudre d'............................

→ Mon papa a eu une .... pour avoir garé sa voiture au mauvais endroit.

Je m'entraîne

2 Relie chaque homophone à ses définitions.

avocat •	• Métier qui consiste à défendre une personne au tribunal.
souris •	• Petit bâton mince servant aux fées et aux magiciens pour faire de la magie.
baguette •	• Petit animal de la famille des rongeurs.
feuille •	• Élément d'un arbre qui tombe à l'automne.
	• Objet branché à un ordinateur qui permet de faire bouger le curseur.
	• Morceau de papier rectangulaire.
	• Fruit vert à la peau grumeleuse et à la chair fondante.
	• Pain long et mince.

3 Trouve un homophone du mot indiqué pour compléter chacune des phrases suivantes.

- reine

→ Le .... est un animal très répandu au Canada.

- seau

→ Il est devenu champion de .... en longueur.

- chêne

→ Mon frère a changé de .... sur la télévision.

- tante

→ Cette nuit, nous dormons à la belle étoile sous ma ....

4 Trouve un homophone pour chacun des mots suivants.

roue → .... paire → ....

laid → .... coût → ....

fer → .... signe → ....

Je sais faire

5 Écris une phrase avec chacun des mots suivants pour en éclairer le sens.

canne → ....

cent → ....

col → ....

faim → ....

poing → ....

Je distingue les synonymes et les antonymes

J'observe

Ami = Copain Ami ≠ Ennemi

Je retiens l'essentiel

- Un **synonyme** est un **mot qui a un sens proche de celui d'un autre mot**. Les synonymes sont toujours de **même nature** (nom/nom, adjectif/adjectif, verbe/verbe, adverbe/adverbe…).

  Exemples : un vêtement = un habit ; manger = déguster ; petit = minuscule.

- Un **antonyme** est un **mot de sens contraire à celui d'un autre**. Les antonymes sont toujours de **même nature** (nom/nom, adjectif/adjectif, verbe/verbe, adverbe/adverbe…).

  Exemples : l'entrée ≠ la sortie ; allumer ≠ éteindre ; froid ≠ chaud.

Pour aller plus loin

Pour trouver certains antonymes, on peut ajouter un préfixe :

parfait ≠ imparfait
faire ≠ défaire
honnête ≠ malhonnête

Je vérifie que j'ai bien compris

Entoure en bleu les synonymes et en rouge les antonymes.

entrer sortir déguster manger

Je manipule

1 Colorie en violet les synonymes du mot *heureux* et en rouge ses antonymes. Suis bien l'exemple.

triste	content	satisfait	enchanté
mécontent	joyeux	bienheureux	ravi
ennuyé	malheureux	attristé	euphorique

2 Relie les antonymes.

bonheur •	• libre
plein •	• malheur
emprisonné •	• vide

Les antonymes sont des mots de sens contraire.

Exercices

Je m'entraîne

3 Colorie deux à deux les contraires, comme dans l'exemple.

pauvre · gentil · fin · vendre · acheter · méchant · début · riche

4 Relie les synonymes deux à deux.

décorer •	• neuf
ressentir •	• péril
danger •	• flexible
souple •	• éprouver
nouveau •	• orner

5 Change les mots en gras par des synonymes pour que la phrase reste correcte.

Les hommes préhistoriques **habitaient** dans des **grottes**.

→ ....

Le **docteur** a soigné un **bambin** qui avait mal aux dents.

→ ....

L'ogre a **dévoré** les **frangins** du Petit Poucet pour son **repas**.

→ ....

6 Recopie les phrases en remplaçant les mots en gras par des antonymes.

Beaucoup de monde venait le voir en concert.

→ ....

J'ai **raté** mon concours d'équitation.

→ ....

Mon frère a été **accepté** dans une équipe de handball.

→ ....

Je sais faire

7 Trouve trois synonymes du mot **joli**.

→ ....

→ ....

→ ....

8 Trouve trois antonymes du mot **bruit**.

→ ....

→ ....

→ ....

LEÇON 19 Je sais lire correctement un texte

Qu'est-ce que la fluence ?

- Pour désigner le fait de bien lire, tes professeurs utilisent le terme de « fluence ». Cela permet d'évaluer ta capacité à lire un texte long avec une grande fluidité.
- Ton professeur peut la mesurer en vérifiant la maîtrise des sons prononcés pour chaque mot et la maîtrise du rythme de prononciation. Ta lecture sera fluide si tu ne butes pas sur un mot ou si tu évites de « manger » les mots, c'est-à-dire que tu oublies de prononcer certaines syllabes en parlant trop vite.
- Tu dois faire attention à un autre élément important dans ta lecture : la ponctuation. Tu dois faire une courte pause après une virgule, deux points ou un point-virgule tandis que la pause doit être plus longue quand il s'agit d'un point, d'un point d'exclamation et d'un point d'interrogation.
- En général, les enfants de CM1 doivent être capables de lire un texte de 110 mots de manière fluide.

Le texte

Belle résolut de se promener en attendant, et de visiter ce beau château : elle ne pouvait s'empêcher d'en admirer la beauté.
Mais elle fut bien surprise de trouver une porte sur laquelle il y avait écrit : APPARTEMENT DE LA BELLE. Elle ouvrit cette porte avec précipitation, et elle fut éblouie de la magnificence qui y régnait ; mais ce qui frappa le plus sa vue fut une grande bibliothèque, un clavecin, et plusieurs livres de musique.
« On ne veut pas que je m'ennuie », dit-elle tout bas. Elle pensa ensuite, si je n'avais qu'un jour à demeurer ici, on ne m'aurait pas fait une telle provision.

Mme Leprince de Beaumont, *La Belle et la Bête* [1757], Larousse, « Petits Classiques Larousse », 2011.

Je vérifie que j'ai bien compris le texte

Lis une première fois le texte avant de répondre aux questions.

1. Qui est le personnage principal du texte ?

....

2. Où se trouve-t-elle ?

....

3. Que fait le personnage ?

....

4. Que découvre-t-elle ?

....

Je décode le texte pas à pas

5 À l'aide d'un dictionnaire, trouve la définition des mots suivants.

- Magnificence : ....

....

- Clavecin : ....

....

- Provision : ....

....

6 Relève tous les mots contenant le son [o] dans l'extrait.

....

....

....

....

....

7 Relève tous les mots contenant le son [s] dans l'extrait.

....

....

....

....

....

Défi

8 Entraîne-toi à lire le texte proposé en page de gauche en entier en respectant une limite de temps.

1re lecture : Lis le texte correctement en moins d'une minute et trente secondes.

2e lecture : Lis le texte correctement en moins d'une minute.

3e lecture : Lis le texte correctement en moins d'une minute et place le ton.

Essai	Objectif fixé	Temps réalisé	Erreurs relevées
1	....	....	....
2	....	....	....
3	....	....	....

LEÇON 20 Je sais comprendre un texte

Qu'est-ce qu'une inférence ?

- Un texte peut parfois contenir **une information qui n'est pas donnée directement et que l'on doit déduire en fonction du contexte**. On appelle cela **une inférence**.
- Il faut toujours distinguer **ce qui relève de l'explicite et ce qui relève de l'implicite**. Bien comprendre un texte, c'est être capable de **percevoir les inférences et donc de lire entre les lignes**. Tu utilises pour cela les informations dont tu disposes sur le contexte, ta logique et ton bon sens. C'est comme un travail de détective qui prélève des indices pour formuler des hypothèses.

> **Coup de pouce**
>
> Il y a des indices que tu peux relever au fur et à mesure de ta lecture qui te permettront de déceler ces inférences. Prends bien le temps de faire des liens d'association entre chaque information que tu relèves. Elles te permettront de déduire une nouvelle information.

Exemple : J'ai pris mon maillot et mon bonnet de bain. Ma maman m'a dit de ne pas oublier de prendre ma serviette pour me sécher. Mon sac sur l'épaule, je suis partie à l'école.
→ On peut en déduire que le personnage est une fille (« je suis partie ») qui se rend à un cours de natation (« maillot et bonnet de bain », « serviette », « sécher »).

Je m'entraîne

Lis les textes suivants puis réponds à la question qui suit à chaque fois.

1 **Pierre a rassemblé tous les ingrédients : de la farine, du beurre, des pommes. Il a sorti le moule et préchauffé le four.**

Que fait Pierre ?

....

2 **La tente était dressée. Les amis étaient autour du feu, riant et dévorant des guimauves fondues. Le ciel sombre et sans nuage permettait de contempler les étoiles.**

À quel moment de la journée sommes-nous ?

....

3 **Le clown fait le tour de la piste sur un monocycle. Tout le public rigole de ses chutes.**

Où la scène se déroule-t-elle ?

....

4 **Emma pleure, son genou est tout égratigné. Elle n'a plus envie de faire du vélo.**

Pourquoi Emma pleure-t-elle ?

....

Je sais faire

Lis l'extrait de *Tom Sawyer* et réponds aux questions suivantes.

Le lendemain, sur le chemin de l'école, Tom croise le jeune Huckleberry Finn. Si Tom va parfois à l'école, Huck, lui, n'y va jamais !
Tom et tous ses amis envient terriblement Huck Finn parce qu'il est libre comme l'air.
Un soir, Tom et Huck se rendent au cimetière.
Cachés derrière un arbre, ils surprennent le docteur Robinson, Muff Potter et le terrible Joe l'Indien en pleine dispute.
C'est alors que les garçons voient Joe l'Indien assassiner le docteur Robinson.
Terrorisés, ils s'enfuient et se jurent de ne jamais parler à personne de ce qu'ils viennent de voir.
Le lendemain, Tom décide de partir à l'aventure.

Tom Sawyer [1876], d'après Mark Twain, adapation d'Anne Culleton, Larousse, « Mes Premiers Classiques Larousse », 2020.

5 **À la lecture de cet extrait, que peux-tu dire de la relation qui unit Tom et Huck ? Cite le texte pour justifier ta réponse.**

....

....

....

....

....

6 **Pour quelle raison Tom et Huck ne veulent-ils pas parler de l'assassinat du docteur Robinson ? Cite le texte pour justifier ta réponse.**

....

....

....

....

....

7 **Pourquoi Tom décide-t-il de partir à l'aventure ?**

....

....

....

....

....

LEÇON 21 Je sais rédiger un texte

Qu'est-ce que l'expression écrite ?

- En CM1, tu dois être capable de **rédiger différents types de textes**. Tu as commencé par des phrases courtes quand tu étais au CP.
- Toutes les leçons vues précédemment, en conjugaison, en grammaire ou encore en vocabulaire, ont pour objectif de **préparer cet exercice**. Tu dois réinvestir tout ce que tu as étudié pour pouvoir **structurer** un texte écrit qui soit d'**invention** ou d'**argumentation**.
- Pour un écrit d'invention, ton imagination est très importante, mais il faut que tu sois également capable de structurer tes idées. Les phrases doivent se suivre en matière d'idées, il faut qu'il y ait une progression.
- Tu dois aussi adapter ton écrit selon la consigne que l'on te demande.

Je fais un résumé

1 Écris un résumé pour raconter une activité que tu aimes faire. Pense bien à respecter les accords verbaux et à mettre des connecteurs logiques.

Souviens-toi des **connecteurs logiques** : **puis**, **si**, **cependant**, **parce que**, **car**, **en conclusion**, **et**, **ou**...

J'invente une fin à partir d'une phrase

Et comme elle s'ennuyait, [la princesse] prit sa balle en or, la jeta en l'air et la rattrapa ; c'était son jeu favori.
Il arriva que la balle d'or, au lieu de revenir dans sa main, tomba sur le sol et roula tout droit dans l'eau. La princesse la suivit des yeux, mais la balle disparut : la fontaine était si profonde qu'on n'en voyait pas le fond. La jeune fille se mit à pleurer, à pleurer de plus en plus fort ; elle était inconsolable. Comme elle gémissait ainsi, quelqu'un lui cria : « … »

Le Roi grenouille, « Contes », Grimm, Larousse, « Petits Classiques Larousse », 2022.

À partir de cet extrait, invente la suite du texte. Tu devras introduire un court dialogue entre la princesse et le nouveau personnage.

Je rédige un texte argumenté

Quel est ton livre préféré ? Pour répondre à cette question, rédige un court texte d'une dizaine de lignes. Tu structureras ton texte de la manière suivante.

- Tu donneras le titre de ton livre préféré, son auteur, son éditeur.
- Tu définiras le genre du livre (album, documentaire, roman, bande-dessinée, etc.).
- Tu rédigeras un rapide résumé du texte.
- Tu exprimeras ton opinion. Qu'as-tu aimé dans ce livre ? As-tu moins aimé ou détesté certains éléments ?

....

....

....

....

....

....

....

....

....

....

....

....

....

....

....

....

Voici une boîte à idées pour t'aider.

Des mots pour donner ton avis : J'ai aimé ce livre parce que…, Le livre m'a plu car…, Le livre m'a intéressé(e)…, Le livre m'a surpris(e)…, J'ai été ému(e) par…

Des adjectifs pour qualifier le livre : amusant, drôle, effrayant, émouvant, magique, mouvementé, original, triste…

Des mots pour structurer ton texte : tout d'abord, pour commencer, ensuite, d'une part… d'autre part…, de plus, et puis, enfin, pour conclure…

LEÇON 1 Je compte et compare les nombres jusqu'à un million

J'observe

57 673

En abaque

Dans le tableau de numération

Centaines de mille	Dizaines de mille	Unités de mille	Centaines	Dizaines	Unités
0	5	7	6	7	3

Je retiens l'essentiel

- Les nombres jusqu'à un million comportent des unités, des dizaines et des centaines d'unités ainsi que des unités, dizaines et centaines de mille.

Pour les écrire correctement, après le chiffre des mille, on laisse un petit espace.
Exemple :
63 051 ; 402 842
Pour écrire les nombres en lettres, on utilise des tirets entre chaque mot.

- Pour décomposer ces nombres, on les sépare en centaines, dizaines et unités, classe par classe. On regroupe tous ces éléments par addition ou par multiplication.

Exemples : 693 562 = 600 000 + 90 000 + 3 000 + 500 + 60 + 2

693 562 = (6 × 100 000) + (9 × 10 000) + (3 × 1 000) + (5 × 100) + (6 × 10) + (2 × 1)

- Pour comparer deux nombres, on compare le nombre de millions ; s'il est égal, on compare le nombre de centaines de milliers ; s'il est égal, on compare le nombre de dizaines de milliers.

Exemples : 350 206 < 290 065   83 005 > 529 207   701 637 < 701 687

Cent prend un s quand il a un multiple devant lui sans qu'il n'y ait de mots qui le suivent.
deux-cents ;
deux-cent-vingt
En revanche, mille est toujours invariable :
mille-cent-deux ; trois-mille-trois ; cent-cinq-mille.

Je vérifie que j'ai bien compris

Décompose 755 800 dans le tableau de numération ci-dessous, puis complète les pointillés pour bien écrire ce nombre en lettres.

Centaines de mille	Dizaines de mille	Unités de mille	Centaines d'unités	Dizaines d'unités	Unités

Sept-............-cinquante-cinq-............-huit-............

Je manipule

1 Représente avec l'abaque le nombre ci-dessous.

392 209

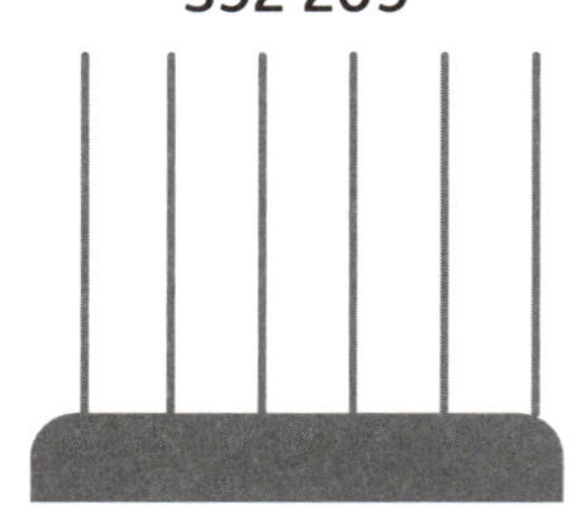

Exercices

Je m'entraîne

2 Écris les nombres suivants en lettres.

584 260 → ....

400 596 → ....

703 208 → ....

3 Décompose les nombres suivants en additions, puis en multiplications.

- 635 840 = ... + ... + ... + ... + ...

  635 840 = (........ × ....) + (........ × ....) + (........ × ....) + (........ × ....) + (........ × ....)
- 704 265 = ... + ... + ... + ... + ...

  704 265 = (........ × ....) + (........ × ....) + (........ × ....) + (........ × ....) + (........ × ....)
- 830 078 = ... + ... + ... + ...

  830 078 = (........ × ....) + (........ × ....) + (........ × ....) + (........ × ....)

Je sais faire

4 Compare les nombres suivants en utilisant le signe < ou >.

- 987 356 .... 987 365
- 650 708 .... 605 780
- 59 627 .... 509 627
- 804 215 .... 215 804
- 47 365 .... 470 365
- 832 060 .... 832 006
- 48 210 .... 48 201
- 804 653 .... 840 214

Souviens-toi !
< : plus petit que
> : plus grand que

Je sais résoudre un problème

5 Lis l'énoncé et trouve la solution du problème.

Mahmoud et Élisa ont joué à un jeu d'arcade et voient leur score final s'inscrire sur le tableau.

Quel est celui ou celle qui a obtenu le meilleur résultat ?

Élisa	Mahmoud
576 892	756 289

À toi de jouer

....

LEÇON 2 Je résous des additions en ligne et posées

J'observe

Addition en ligne

5 678 + 315 = 5 993

Addition posée

	Milliers	Centaines	Dizaines	Unités
	5	6	^{1}7	8
+		3	1	5
=	5	9	9	3

Je retiens l'essentiel

- **Additions en ligne**

  Quand tu additionnes en ligne, tu additionnes les centaines, les dizaines et les unités séparément.

  Exemple : Tu dois calculer 5 678 + 315.
  Tu décomposes 315 = 300 + 10 + 5.
  Tu commences par ajouter 300 à 5 678 (ce qui équivaut à ajouter 3 centaines) = 5 978.
  Puis tu ajoutes 10 (ce qui équivaut à ajouter 1 dizaine) = 5 988.
  Puis tu ajoutes 5.
  5 978 + 300 + 10 + 5 = 5 993.

- **Additions posées**

  Quand tu poses une addition, **tu positionnes les unités du deuxième nombre sous les unités du premier nombre**, et tu fais la même chose pour les dizaines, les centaines, etc.

  Exemple : Tu commences par la colonne des unités. Si le résultat est supérieur à 9, tu places le chiffre des dizaines au-dessus de la colonne des dizaines, en retenue. Il faudra penser à l'ajouter au calcul à l'étape suivante.
  Puis tu additionnes les dizaines, les centaines, les milliers… en pensant bien aux retenues.

Je vérifie que j'ai bien compris

Ajoute les retenues pour que le calcul soit correct.

	1	4	7	9
+		8	3	4
	2	3	1	3

………… + ……… = ………

………… + ……… = ………

………… + ……… = ………

………… + ……… = ………

Pour aller plus loin

Tu peux parfois ajouter des **retenues supérieures à 1**, quand tu calcules quatre voire cinq nombres ensemble dans la même addition posée.

Je manipule

1 Décompose les nombres suivants, comme dans l'exemple.

5 428 = 5 000 + 400 + 20 + 8

- 87 364 = ……………………………………………………
- 7 209 = ……………………………………………………

Exercices

Je m'entraîne

2 Calcule les additions en ligne suivantes.

- 2 736 + 876 = ...
- 938 + 6 736 = ...
- 5 096 + 3 789 = ...

3 Complète le tableau ci-dessous en effectuant les additions demandées.

+	2 548	7 025	1 836	42 698
6 348				
942				

Je sais faire

4 Calcule les opérations suivantes en les posant.

8 729 + 763 | 6 092 + 67 | 98 203 + 6 738

Je sais résoudre un problème

5 Lis l'énoncé suivant et trouve la solution du problème.

Jean a acheté une voiture d'occasion à 8 790 € et a payé 2 348 € pour des réparations.

Quel montant a-t-il dépensé ?

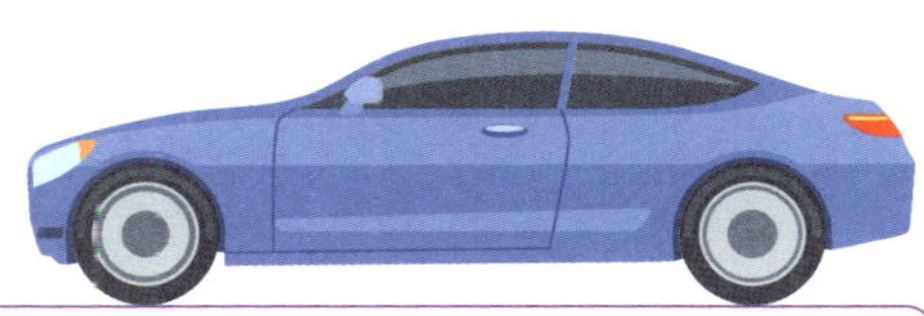

À toi de jouer

....

LEÇON 3 Je résous des soustractions en ligne et posées

J'observe

Soustraction en ligne

412 – 198 = 214

Soustraction posée

	4	^{1}1	^{1}2
–	$_{1}$1	$_{1}$9	8
=	2	1	4

Je retiens l'essentiel

- **Soustractions en ligne**

Quand tu soustrais en ligne, tu soustrais les milliers, les centaines, les dizaines et les unités séparément.

Exemple : Tu dois calculer 412 – 198.
Tu décomposes 198.
198 = 100 + 90 + 8
Tu commences par soustraire 100 à 412 (ce qui équivaut à enlever 1 centaine) = 312.
Puis, tu soustrais au résultat de cette opération 90 (ce qui équivaut à enlever 9 dizaines) = 222. Enfin, tu soustrais encore au résultat de l'opération précédente 8 = 214.

Regarde comment faire dans l'exemple de la partie J'observe !

- **Soustractions posées**

Quand tu poses une soustraction, tu positionnes les unités du deuxième nombre sous les unités du premier nombre et tu appliques ce principe pour les dizaines, les centaines, etc.

Tu calcules d'abord les unités.
Si c'est impossible à calculer, tu prends une dizaine à côté.

Exemple : Ici, il faut soustraire 8 à 2.
C'est impossible car 2 est plus petit que 8.
Tu prends donc une dizaine pour venir la placer devant le 2 et le transformer en 12 → 12 – 8 = 4.
Pour calculer ensuite les centaines, tu dois reporter la dizaine que tu as ajoutée aux unités → 9 + 1 = 10.
Tu continues en appliquant le même principe.

Pour aller plus loin

Si tu dois soustraire un nombre avec une configuration telle que 1 593 – 550 – 384, tu peux faire cette opération en deux temps, une opération après l'autre.

Je vérifie que j'ai bien compris

Complète le schéma suivant. Pour t'aider, tu peux utiliser l'encadré se trouvant juste à côté de l'opération posée.

	8	2	4	7
–	6	9	3	1
	1	3	1	6

.... – .... = ...

.... – .... = ...

.... – .... = ...

.... – .... = ...

Je manipule

1 Décompose les nombres suivants, comme dans l'exemple.

5 428 = 5 000 + 400 + 20 + 8

- 458 248 = ... + ... + ... + ... + ... + ...
- 62 409 = ... + ... + ... + ... + ...

Exercices

Je m'entraîne

2 Calcule les soustractions suivantes en ligne.

- 40 659 – 25 403 = ...
- 8 405 – 6 280 = ...
- 75 638 – 842 = ...

3 Complète le tableau ci-dessous en soustrayant les nombres en colonne par chaque nombre en ligne.

–	15 048	9 374	24 175	20 635
77 058				
58 469				

Je sais faire

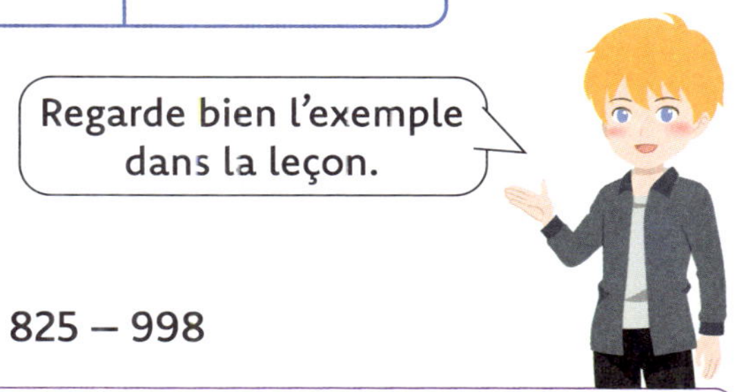

4 Pose puis calcule les opérations suivantes.

45 603 – 7 584 62 035 – 9 485 17 825 – 998

Je sais résoudre un problème

5 Lis l'énoncé suivant et trouve la solution du problème.

À l'aéroport, lors des contrôles avant l'embarquement, Lisa découvre que sa valise est trop lourde. Elle pèse 8 452 g au lieu des 7 500 g autorisés. Quelle quantité d'affaires doit-elle retirer ?

À toi de jouer

....

LEÇON 4 Je révise les tables de multiplication et de division

J'observe

Table de 1	Table de 2	Table de 3	Table de 4	Table de 5
1 × 1 = **1**	2 × 1 = **2**	3 × 1 = **3**	4 × 1 = **4**	5 × 1 = **5**
1 × 2 = **2**	2 × 2 = **4**	3 × 2 = **6**	4 × 2 = **8**	5 × 2 = **10**
1 × 3 = **3**	2 × 3 = **6**	3 × 3 = **9**	4 × 3 = **12**	5 × 3 = **15**
1 × 4 = **4**	2 × 4 = **8**	3 × 4 = **12**	4 × 4 = **16**	5 × 4 = **20**
1 × 5 = **5**	2 × 5 = **10**	3 × 5 = **15**	4 × 5 = **20**	5 × 5 = **25**
1 × 6 = **6**	2 × 6 = **12**	3 × 6 = **18**	4 × 6 = **24**	5 × 6 = **30**
1 × 7 = **7**	2 × 7 = **14**	3 × 7 = **21**	4 × 7 = **28**	5 × 7 = **35**
1 × 8 = **8**	2 × 8 = **16**	3 × 8 = **24**	4 × 8 = **32**	5 × 8 = **40**
1 × 9 = **9**	2 × 9 = **18**	3 × 9 = **27**	4 × 9 = **36**	5 × 9 = **45**
1 × 10 = **10**	2 × 10 = **20**	3 × 10 = **30**	4 × 10 = **40**	5 × 10 = **50**

Table de 6	Table de 7	Table de 8	Table de 9	Table de 10
6 × 1 = **6**	7 × 1 = **7**	8 × 1 = **8**	9 × 1 = **9**	10 × 1 = **10**
6 × 2 = **12**	7 × 2 = **14**	8 × 2 = **16**	9 × 2 = **18**	10 × 2 = **20**
6 × 3 = **18**	7 × 3 = **21**	8 × 3 = **24**	9 × 3 = **27**	10 × 3 = **30**
6 × 4 = **24**	7 × 4 = **28**	8 × 4 = **32**	9 × 4 = **36**	10 × 4 = **40**
6 × 5 = **30**	7 × 5 = **35**	8 × 5 = **40**	9 × 5 = **45**	10 × 5 = **50**
6 × 6 = **36**	7 × 6 = **42**	8 × 6 = **48**	9 × 6 = **54**	10 × 6 = **60**
6 × 7 = **42**	7 × 7 = **49**	8 × 7 = **56**	9 × 7 = **63**	10 × 7 = **70**
6 × 8 = **48**	7 × 8 = **56**	8 × 8 = **64**	9 × 8 = **72**	10 × 8 = **80**
6 × 9 = **54**	7 × 9 = **63**	8 × 9 = **72**	9 × 9 = **81**	10 × 9 = **90**
6 × 10 = **60**	7 × 10 = **70**	8 × 10 = **80**	9 × 10 = **90**	10 × 10 = **100**

Je retiens l'essentiel

- **La multiplication** est une opération dans laquelle **une même quantité est répétée** un certain nombre de fois. **Tu dois connaître tes tables de multiplication de 1 à 10 par cœur.** Cela te permettra de gagner en rapidité pour les calculs complexes et la résolution de problèmes.
- **La division** est une opération dans laquelle on cherche à compléter **un partage équitable**, c'est-à-dire que chaque part doit contenir le même nombre d'éléments.
- **Le lien avec la multiplication apparaît alors nettement.**

  Exemple : 42 ÷ 7 → On veut partager 42 en 7 paquets identiques.
  On cherche dans la table de 7 la multiplication qui a pour résultat 42.
  → 6 × 7 = 42 donc 42 ÷ 7 = 6.

Quand tu veux rechercher le résultat d'une division, cherche dans **les tables de multiplication !**

Je manipule

1 Calcule les opérations suivantes.

- 5 × 6 = ...
- 7 × 4 = ...
- 4 × 9 = ...
- 9 × 7 = ...
- 6 × 3 = ...
- 8 × 8 = ...

Exercices

Je m'entraîne

2 Complète les multiplications suivantes.

- 5 × ...... = 45
- 7 × ...... = 42
- 3 × ...... = 27
- 4 × ...... = 36
- 6 × ...... = 48
- 9 × ...... = 63
- 5 × ...... = 40
- 8 × ...... = 48
- 7 × ...... = 49
- 6 × ...... = 54
- 4 × ...... = 32
- 5 × ...... = 35
- 9 × ...... = 81
- 8 × ...... = 64
- 7 × ...... = 56

3 Complète les pyramides de nombres ci-dessous.

Sommet			
54	6	×	....
81	9	×	....
42	6	×	....
63	9	×	....
48	8	×	....
56	7	×	....
49	7	×	....
36	6	×	....

Je sais faire

4 Trouve deux divisions correspondant au résultat.

- 8 = ... ÷ ......
- 9 = ... ÷ ......
- 7 = ... ÷ ......
- 6 = ... ÷ ......
- 8 = ... ÷ ......
- 9 = ... ÷ ......
- 7 = ... ÷ ......
- 6 = ... ÷ ......
- 2 = ... ÷ ......
- 3 = ... ÷ ......
- 4 = ... ÷ ......
- 5 = ... ÷ ......
- 2 = ... ÷ ......
- 3 = ... ÷ ......
- 4 = ... ÷ ......
- 5 = ... ÷ ......

Je sais résoudre un problème

5 Lis l'énoncé suivant et trouve la solution du problème.

Les poules de Mme Blanchard pondent 1 œuf par jour.
Elles pondent en tout 56 œufs par semaine.
Combien de poules Mme Blanchard a-t-elle ?

À toi de jouer

....

LEÇON 5 J'apprends à résoudre une multiplication en ligne

J'observe

$$5\,749 \times 3 = (5\,000 \times 3) + (700 \times 3) + (40 \times 3) + (9 \times 3)$$
$$= 15\,000 + 2\,100 + 120 + 27$$
$$= 17\,247$$

Je retiens l'essentiel

- Pour résoudre une multiplication en ligne, tu dois **décomposer le nombre en unités, dizaines, centaines et milliers**.
- Tu dois ensuite savoir que **multiplier par 10, 100 ou 1 000 équivaut à ajouter 1, 2 ou 3 zéro(s)** derrière le chiffre que tu multiplies.

Exemple : $357 \times 5 = (300 \times 5) + (50 \times 5) + (7 \times 5)$
$= 1\,500 + 250 + 35$
$= 1\,785$

Pour aller plus loin

Pour multiplier un nombre par 99, on multiplie le nombre par 100 puis on retranche le nombre. En multipliant par 100, on a multiplié une fois de trop, la quantité est donc répétée une fois de trop, il faut la retirer une fois.

Exemple : $423 \times 99 = (423 \times 100) - 423$
$= 42\,300 - 423 = 41\,877$

Je vérifie que j'ai bien compris

Complète le schéma suivant en ajoutant les nombres qui conviennent pour résoudre l'opération ci-dessous.

- 3 452 × 2 = (………… × 2) + (400 × …………) + (………… × 2) + (2 × …………)
- 3 452 × 2 = ………… + 800 + 100 + …………
- 3 452 × 2 = 6 904

Je manipule

1 Décompose les opérations suivantes sans calculer, comme dans l'exemple.

$5\,482 \times 6 = (5\,000 \times 6) + (400 \times 6) + (80 \times 6) + (2 \times 6)$

- 4 286 × 4 = (……… × ………) + (……… × ………) + (……… × ………) + (……… × ………)
- 8 409 × 5 = (……… × ………) + (……… × ………) + (……… × ………) + (……… × ………)
- 2 453 × 7 = (……… × ………) + (……… × ………) + (……… × ………) + (……… × ………)
- 5 981 × 2 = (……… × ………) + (……… × ………) + (……… × ………) + (……… × ………)

Exercices

Je m'entraîne

2 Calcule en ligne les multiplications suivantes.

- 4 829 × 6 = ...
- 2 840 × 3 = ...
- 8 425 × 5 = ...

3 Complète le tableau suivant en effectuant les multiplications demandées.

×	3	4	5	6
5 182				
2 367				

Je sais faire

4 Calcule en ligne les multiplications suivantes. Suis bien l'exemple.

4 302 × 40 = 4 302 × 4 = 16 000 + 1 200 + 00 + 8
= 17 208 × 10 = 172 080

- 9 518 × 30 = ...
- 7 185 × 20 = ...
- 5 293 × 50 = ...

Quand tu multiplies avec un nombre comportant des dizaines, il te suffit de multiplier par le chiffre des dizaines et d'ajouter un zéro au résultat, comme dans l'exemple.

Je sais résoudre un problème

5 Lis l'énoncé suivant et trouve la solution du problème.

Chaque sac de pommes de terre pèse 50 kg. La cantine a acheté 4 253 sacs.

Quelle masse de pommes de terre a-t-elle commandée ?

À toi de jouer

....

LEÇON 6

J'apprends à poser une multiplication à 2 et à 3 chiffres

J'observe

$$
\begin{array}{rrrr}
 & 7 & 8 & 8 \\
\times & & & 3 \\
\hline
2 & 3_{21+2} & 6_{4+2} & 4
\end{array}
$$

Je retiens l'essentiel

- **Quand tu poses une multiplication, tu positionnes les chiffres en colonne :** les unités du deuxième nombre sous les unités du premier nombre, les dizaines du deuxième nombre sous les dizaines du premier nombre, etc.
- **Commence toujours par calculer les unités.** Si le résultat est **supérieur à 9**, tu places le chiffre des dizaines à côté de la ligne de résultat **en retenue**. Il faudra l'ajouter au résultat obtenu à l'étape suivante.
- **Procède ensuite de la même manière avec les dizaines, les centaines, etc.**

Exemple : 788 × 3 → 700 + 80 + 8 = 7c + 8d + 8u

→ Tu calcules les unités : 3 × 8 = 24. Tu poses le 4 sous la barre de résultat, dans la colonne des unités, et tu retiens 2. Puis tu calcules les dizaines : 3 × 8 = 24, auquel tu ajoutes la retenue + 2, ce qui donne 26. Tu poses le 6 sous la barre de résultat, dans la colonne des dizaines, et tu retiens 2. Enfin, tu calcules 3 × 7 = 21, auquel tu ajoutes la retenue + 2, ce qui donne 23. Tu poses ce nombre sous la barre de résultat et tu obtiens donc 2 364.

Pour aller plus loin

Pour une multiplication à deux chiffres, tu multiplies d'abord le premier nombre avec le chiffre des unités du deuxième nombre, puis avec le chiffre des dizaines. Pour cette deuxième ligne de résultat, tu dois mettre un 0 au niveau de la colonne des unités et additionner ensuite les deux produits.

$$
\begin{array}{rrrrrr}
 & & & 7 & 8 & 8 \\
\times & & & & 4 & 3 \\
\hline
 & & 2 & 3 & 6 & 4 \\
+ & 3 & 1 & 5 & 2 & 0 \\
\hline
= & 3 & 3 & 8 & 8 & 4
\end{array}
$$

Je vérifie que j'ai bien compris

Complète l'opération en trouvant le facteur manquant dans cette multiplication.

$$
\begin{array}{rrrrr}
 & 3 & 2 & 1 & 1 \\
\times & & & & \ldots\ldots \\
\hline
2 & 2 & 4 & 7 & 7
\end{array}
$$

Je manipule

1 **Calcule les opérations suivantes déjà posées.**

$$
\begin{array}{rrrrr}
 & 4 & 5 & 8 & 3 \\
\times & & & & 6 \\
\hline
\end{array}
\qquad
\begin{array}{rrrrr}
 & 6 & 2 & 9 & 3 \\
\times & & & & 5 \\
\hline
\end{array}
\qquad
\begin{array}{rrrrr}
 & 8 & 4 & 3 & 0 \\
\times & & & & 7 \\
\hline
\end{array}
\qquad
\begin{array}{rrrrr}
 & 2 & 6 & 0 & 9 \\
\times & & & & 4 \\
\hline
\end{array}
$$

Exercices

Je m'entraîne

2 Calcule les opérations suivantes déjà posées.

$$\begin{array}{r} 5\,1\,2\,6 \\ \times \quad 5\,7 \\ \hline \end{array} \qquad \begin{array}{r} 6\,3\,0\,4 \\ \times \quad 2\,8 \\ \hline \end{array}$$

$$\begin{array}{r} 9\,5\,3\,0 \\ \times \quad 1\,4 \\ \hline \end{array} \qquad \begin{array}{r} 4\,2\,7\,8 \\ \times \quad 3\,5 \\ \hline \end{array}$$

Souviens-toi ! Pour une multiplication à **deux chiffres**, tu dois **mettre un 0 au niveau de la colonne des unités pour la deuxième ligne de calcul** et additionner ensuite les **deux produits**.

Je sais faire

3 Pose puis calcule les opérations suivantes.

6 502 × 72 3 425 × 65 2 356 × 94 5 023 × 46

Je sais résoudre un problème

4 Lis l'énoncé suivant et trouve la solution du problème.

Afin de limiter les déchets et favoriser le tri, ton département a choisi de peser les déchets ménagers.

En moyenne, chaque village jette 346 kg de déchets chaque mois.

Combien jetteront 24 villages en moyenne ?

À toi de jouer

....

LEÇON 7 — J'apprends à poser une division

J'observe

Le dividende →	5	9	6	4 ← Le diviseur
−	4	↓		141 ← Le quotient
	1	9		
−	1	6		
	0	4		
	−	4	↓	
		0	6	
		−	4	
			2 ← Le reste	

Pour vérifier l'exactitude du résultat obtenu, on peut appliquer la formule suivante :

Dividende = quotient × diviseur + reste

$171 \times 4 + 3 = 687$

Je retiens l'essentiel

- Pour t'apprendre à poser une division, nous allons prendre un exemple : **687 ÷ 4**.
- **Il s'agit ici de partager 687 en 4 parts égales**. Tout au long du calcul, **ce qui reste à diviser doit être inscrit sous le dividende**.
- Tu commences par **diviser les centaines du dividende**.

On cherche combien de fois 4 dans 6. $1 \times 4 = 4$
On écrit 1 au quotient. On soustrait 4 à 6, cela fait 2.
On abaisse le 8.
On cherche combien de fois 4 dans 28. $7 \times 4 = 28$
On écrit 7 au quotient. On soustrait 28 à 28, cela fait 0.
On abaisse le 7.
On cherche combien de fois 4 dans 7. $1 \times 4 = 4$
On écrit 1 au quotient. On soustrait 4 à 7, cela fait 3. On ne peut pas aller plus loin.
Il reste 3.

	6	8	7	4
−	4	↓		1 7 1
	2	8		
−	2	8	↓	
		0	7	
		−	4	
			3	

687 ÷ 4 = 171 (reste 3) → Cela signifie qu'avec 687 éléments, tu peux constituer **4 paquets de 171 éléments**. Il te restera alors **3 éléments que tu ne pourrais pas partager**.

Pour aller plus loin

Parfois, on ne peut pas utiliser le premier chiffre du dividende, il faudra alors prendre **les deux premiers chiffres** pour calculer.

	2	5	3	4
−	2	4	↓	63
		1	3	
−		1	2	
			1	

Je vérifie que j'ai bien compris

Complète le schéma suivant avec les termes : **quotient, dividende, diviseur, reste.**

.... →	8	5	7	← ....
−	7		12	← ....
	1	5		
−	1	4		
		1		← ....

Exercices

Je manipule

1 Combien de chiffres le quotient de ces divisions comportera-t-il ?

Pour être sûr de ta réponse, tu peux poser l'opération et compter le nombre dans le quotient que tu obtiens.

6 060 ÷ 7 → Le quotient comportera .... chiffre(s).

222 ÷ 2 → Le quotient comportera .... chiffre(s).

Je m'entraîne

2 Calcule les divisions suivantes déjà posées.

5 3 7 | 3

8 2 4 | 6

6 0 7 | 4

9 5 4 | 5

Je sais faire

3 Pose et calcule les divisions suivantes.

603 ÷ 4 — 957 ÷ 6 — 498 ÷ 3 — 762 ÷ 5

Je sais résoudre un problème

4 Lis l'énoncé suivant et trouve la solution du problème.

Un voyage a coûté 792 € pour 3 personnes.

Quel est le coût du voyage pour 1 personne ?

À toi de jouer

....

LEÇON 8 Je comprends les règles de la proportionnalité

J'observe

Nombre de gâteaux	2	3	5
Prix en euros	6	9	15

× 3

Je retiens l'essentiel

- La proportionnalité, c'est quand deux grandeurs augmentent ou diminuent dans les mêmes proportions par la multiplication ou par la division.

  Exemple : 2 gâteaux coûtent 6 € (2 × 3 = 6) → 5 gâteaux coûtent 15 € (5 × 3 = 15)

- Dans la vie quotidienne, il t'arrive de rencontrer des situations de proportionnalité, par exemple dans les recettes de cuisine ou les prix de vente.
- Pour trouver un nombre proportionnel à un autre, tu dois utiliser un tableau de proportionnalité dans lequel le coefficient de proportionnalité va t'indiquer de combien augmentent ou diminuent les grandeurs.

Nombre de gâteaux	2	3	5
Prix en euros	6	9	15

÷ 3

Ton coefficient de proportionnalité peut être également un diviseur dans le cas où tu inverses la flèche. Il ne s'agit plus de savoir combien coûte un gâteau mais combien de gâteaux tu peux acheter avec l'argent dont tu disposes.

Je vérifie que j'ai bien compris

Complète le schéma suivant avec les réponses qui conviennent.

Nombre de stylos	1	3	7
Prix en euros	3	9	21

× 3

× 3 désigne le .... du tableau

« 9 » est le produit
de ....
et ....

Je manipule

1 Coche, parmi les propositions suivantes, celles qui relèvent d'une situation de proportionnalité.

- ☐ J'ai 9 ans et mon frère en a le double. Quand j'aurai 20 ans, il aura 40 ans.
- ☐ Quand je fais un pas, j'avance de 1 mètre. Quand je fais 12 pas, j'avance de 12 mètres.
- ☐ Dans une boîte d'œufs, il y a 6 œufs. Dans 3 boîtes, il y a 18 œufs.

Exercices

Je m'entraîne

2 Retrouve le coefficient de proportionnalité de chaque tableau.

Nombre de livres	2	3	4
Prix (en euros)	14	21	28

Coefficient : ......

Nombre d'arbustes	3	5	7
Largeur de la haie (en m)	9	15	21

Coefficient : ......

3 Complète les tableaux de proportionnalité suivants.

Nombre de gâteaux	2	3	4
Quantité d'œufs	....	....	....

× 4

Nombre de gâteaux	2	3	4
Quantité de farine (en g)	....	....	....

× 200

Je sais faire

4 Retrouve le coefficient de proportionnalité de chaque tableau.

Nombre de tablettes de chocolat	5	....	9
Prix (en euros)	15	18	....

Coefficient : ......

Distance (en km)	2	....	8
Temps (en minutes)	30	60	....

Coefficient : ......

Je sais résoudre un problème

5 Remplis le tableau avec les données suivantes puis calcule les données manquantes.

Arthur visite un château avec 4 personnes. Le groupe a payé 30 €.
Combien Louise en paiera-t-elle, sachant qu'ils sont 7 dans son groupe ?
Combien Azzedine en paiera-t-il, sachant qu'ils sont 3 dans son groupe ?

Prénom	Arthur	Louise	Azzedine
Nombre de personnes	....	....	....
Prix d'entrée du château (en euros)	....	....	....

Coefficient : ......

LEÇON 9 Je comprends le principe des moitiés et des doubles

J'observe

Doubles

50 | × 2 | 100

Moitiés

50 | ÷ 2 | 25

Je retiens l'essentiel

Doubles

- Trouver **le double** d'un nombre, c'est prendre cette même quantité **deux fois**.
  Exemple : Le double de 50 est 100.
- Trouver **le triple** d'un nombre, c'est prendre cette même quantité **trois fois**.
  Exemple : Le triple de 50 est 150.
- Trouver **le quadruple** d'un nombre, c'est prendre cette même quantité **quatre fois**. C'est aussi prendre **le double du double**.
  Exemple : Le quadruple de 50 est 200.

Moitiés

- Trouver **la moitié** d'un nombre, c'est **partager la quantité en deux parts égales**.
  Exemple : La moitié de 50 est 25.
- Trouver **le tiers** d'un nombre, c'est **partager cette quantité en trois parts égales**.
  Exemple : Le tiers de 300 est 100.
- Trouver **le quart** d'un nombre, c'est **partager cette quantité en quatre parts égales**.
  Exemple : Le quart de 400 est 100.

Je vérifie que j'ai bien compris

Complète le schéma en utilisant les termes suivants : *triple* et *tiers*.

50 × 3 = 150

50 est le .... de 150.

150 est le .... de 50.

Je manipule

1 Dessine l'énoncé demandé en suivant l'exemple suivant.

Exemple :
Le double de 25 :

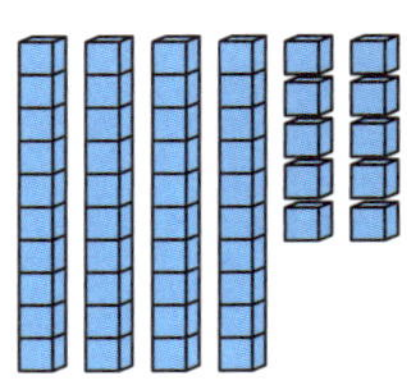

Le quadruple de 20 :

Exercices

Je m'entraîne

2 **Complète les énoncés suivants avec le terme qui convient : double, moitié, triple, tiers, quadruple, quart.**

Le .... de 150 est 300.
Le .... de 600 est 200.
La .... de 500 est 250.
Le .... de 600 est 150.
La .... de 400 est 200.
Le .... de 30 est 120.
Le .... de 350 est 700.
Le .... de 150 est 450.

3 **Complète les énoncés suivants pour trouver les résultats.**

Le quart de 800 : ....
Le triple de 50 : ....
La moitié de 300 : ....
Le double de 75 : ....
Le triple de 75 : ....
Le double de 250 : ....
Le tiers de 450 : ....
La moitié de 150 : ....

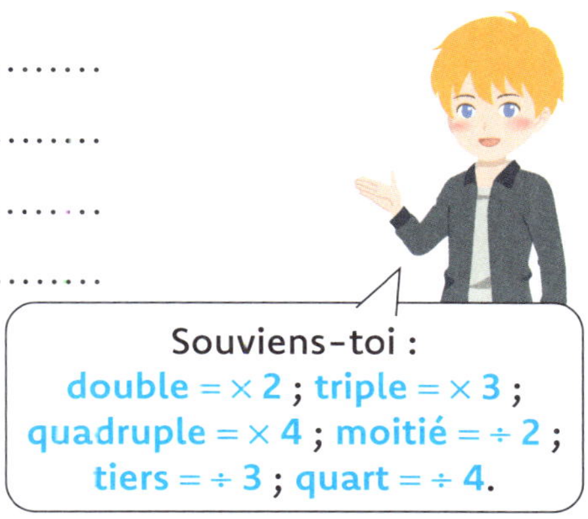

Je sais faire

4 **Complète les tableaux suivants selon les indications demandées.**

Nombre initial	→ quadruple	→ moitié	→ triple	→ quart	→ double	→ tiers	→ double
50							

Nombre initial	→ quart	→ double	→ moitié	→ triple	→ double	→ tiers	→ quadruple
1 000							

Je sais résoudre un problème

5 **Lis l'énoncé suivant et trouve la solution du problème.**

Pierre a pris 200 g de farine pour faire des churros. Le week-end d'après, il prend le triple de farine pour faire ses churros.

Quelle quantité de farine Pierre va-t-il utiliser pour ses churros ?

À toi de jouer

....

LEÇON 10 Je maîtrise les fractions simples

J'observe

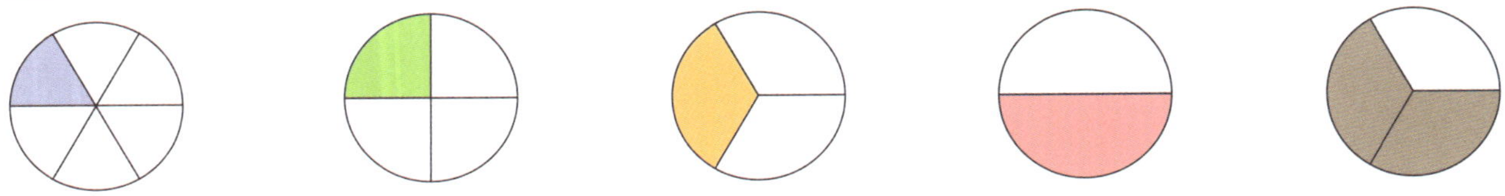

Un sixième = $\frac{1}{6}$ Un quart = $\frac{1}{4}$ Un tiers = $\frac{1}{3}$ Un demi = $\frac{1}{2}$ Deux tiers = $\frac{2}{3}$

Je retiens l'essentiel

- N'importe quelle unité peut être partagée en parts égales et tu peux y prélever un certain nombre de parts. Pour désigner cette quantité, on utilise les fractions.
- Une fraction est donc un nombre qui renvoie à une part de l'unité.
- Une fraction comporte deux éléments : le numérateur (le nombre écrit en haut), qui indique le nombre de parts prélevées, et le dénominateur (nombre écrit en bas), qui indique en combien de parts l'unité est partagée.

Pour aller plus loin

Les fractions peuvent être décomposées :

$$\frac{3}{4} = \frac{1}{4} + \frac{1}{4} + \frac{1}{4}$$

Si ton numérateur est supérieur à ton dénominateur, tu peux dessiner plusieurs ronds pour compléter toutes les parts demandées.

Pour la partie Je manipule, pense bien à découper tes cercles selon le dénominateur de ta fraction. Avec une fraction avec 5 en dénominateur, il faut découper ton cercle en 5 parts.

Je vérifie que j'ai bien compris

Complète le schéma suivant avec les termes : numérateur, dénominateur.

Cette partie coloriée correspond au .... d'une fraction.

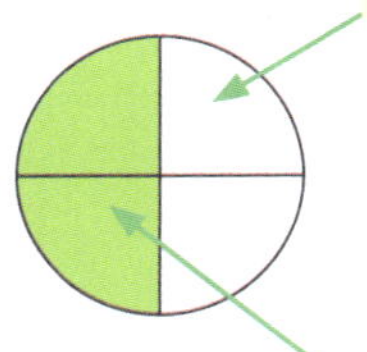

$= \frac{\dots}{\dots}$

L'ensemble de la figure correspond au .... d'une fraction.

Je manipule

1 Dessine les fractions représentées sous forme de ronds, de barres ou de triangles découpés en parts.

$\frac{3}{4} =$ $\frac{5}{8} =$ $\frac{2}{3} =$

Exercices

Je m'entraîne

2 Écris les fractions suivantes en chiffres.

- Deux tiers = $\frac{\dots\dots}{\dots\dots}$
- Trois cinquièmes = $\frac{\dots\dots}{\dots\dots}$
- Six huitièmes = $\frac{\dots\dots}{\dots\dots}$
- Douze demis = $\frac{\dots\dots}{\dots\dots}$
- Dix quarts = $\frac{\dots\dots}{\dots\dots}$
- Cinq sixièmes = $\frac{\dots\dots}{\dots\dots}$

3 Écris les fractions suivantes en toutes lettres.

- $\frac{3}{5}$ = ...
- $\frac{2}{2}$ = ...
- $\frac{6}{8}$ = ...
- $\frac{2}{4}$ = ...
- $\frac{3}{6}$ = ...
- $\frac{5}{10}$ = ...

Je sais faire

4 Décompose les fractions suivantes.

$\frac{2}{3} = \frac{1}{3} + \frac{1}{3}$

- $\frac{3}{4}$ = ... + ... + ...
- $\frac{5}{6}$ = ... + ... + ... + ... + ...
- $\frac{4}{5}$ = ... + ... + ... + ...

Je sais résoudre un problème

5 Lis l'énoncé suivant et trouve le résultat du problème.

Luna et Arthur ont décidé de manger une pizza. Luna prend $\frac{2}{8}$ de la pizza tandis qu'Arthur en prend $\frac{4}{8}$. Combien de parts de pizza reste-t-il ?

À toi de jouer

....

LEÇON 11 J'apprends à comparer, ranger, intercaler et encadrer des fractions simples

J'observe

Comparer et ranger

$$\frac{12}{4} < \frac{20}{4}$$

Intercaler et encadrer

$$3 < \frac{10}{3} < 4$$

Je retiens l'essentiel

- **Pour comparer ou ranger des fractions simples**, il faut qu'elles soient **sous le même dénominateur** pour que les unités soient partagées en un même nombre de parts.
- **On compare alors le numérateur**, c'est-à-dire la quantité de parts prélevées.

  Exemple : $\frac{3}{5} < \frac{7}{5}$ car 3 est plus petit que 7.
- **Pour encadrer une fraction entre deux unités**, il faut regarder **combien de fois le numérateur est contenu dans le dénominateur**.

  Exemple : $2 < \frac{9}{4} < 3$

  On considère ici une unité partagée en 4 parts égales. 2 unités complètes sont égales à $\frac{8}{4}$ car $2 \times 4 = 8$; 3 unités complètes sont égales à $\frac{12}{4}$ car $3 \times 4 = 12$; 9 étant compris entre 8 et 12, $\frac{9}{4}$ est bien compris entre 2 et 3.
- **Tu peux t'aider d'une droite numérique pour placer les fractions** et ainsi les comparer, les ranger, les intercaler, les encadrer plus facilement.
- Sur une droite graduée, **tu dois chercher le 0 et le 1, l'écart entre les deux correspond à une part.** Observe **les graduations** pour déterminer en combien de parts l'unité est partagée.

Pour aller plus loin

Pour écrire une fraction en toutes lettres, tu dois d'abord écrire le nombre correspondant au numérateur puis le nombre correspondant au dénominateur en ajoutant le **suffixe -ièmes**. Attention, il y a quelques exceptions comme **moitiés**, **tiers** et **quarts**.

Je vérifie que j'ai bien compris

Complète le schéma avec le signe < ou >.

$\frac{3}{4}$ ...... $\frac{1}{4}$

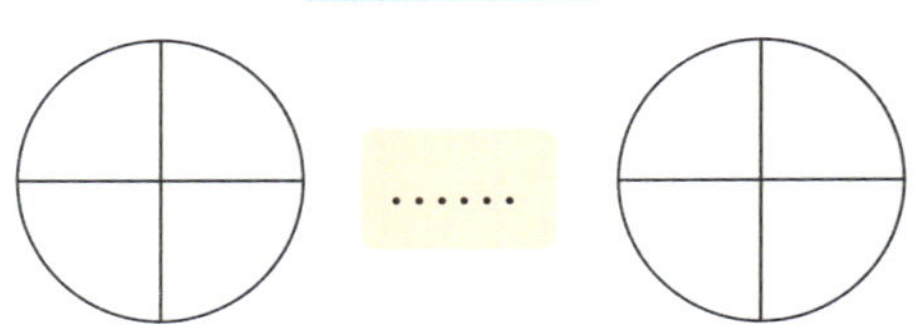

Souviens-toi ! Ranger dans l'**ordre croissant**, c'est classer **du plus petit au plus grand** en utilisant le signe <.

Je manipule

1 **Compare les fractions en utilisant le signe < ou >.**

- $\frac{6}{7}$ ...... $\frac{7}{4}$
- $\frac{5}{6}$ ...... $\frac{9}{6}$
- $\frac{15}{6}$ ...... $\frac{25}{6}$

Exercices

Je m'entraîne

2 **Range les fractions suivantes sur chacune des lignes ci-dessous dans l'ordre croissant.**

$\frac{15}{4}$ $\frac{17}{4}$ $\frac{13}{4}$ $\frac{25}{4}$ $\frac{12}{4}$ $\frac{27}{4}$

....

$\frac{36}{8}$ $\frac{28}{8}$ $\frac{26}{8}$ $\frac{34}{8}$ $\frac{23}{8}$ $\frac{32}{8}$

....

3 **Place les fractions suivantes sur la droite numérique ci-dessous en les reliant à l'emplacement qui convient.**

$\frac{14}{5}$ $\frac{8}{5}$ $\frac{3}{5}$ $\frac{11}{5}$ $\frac{10}{5}$ $\frac{6}{5}$

Je sais faire

4 **Intercale la fraction de ton choix entre les unités indiquées ci-dessous.**

- 5 < .... < 6
- 1 < .... < 2
- 4 < .... < 5
- 6 < .... < 7
- 2 < .... < 3
- 3 < .... < 4

- 5 < .... < 6
- 1 < .... < 2
- 4 < .... < 5
- 6 < .... < 7
- 2 < .... < 3
- 3 < .... < 4

- 5 < .... < 6
- 1 < .... < 2
- 4 < .... < 5
- 6 < .... < 7
- 2 < .... < 3
- 3 < .... < 4

Relis la leçon si tu as besoin d'aide !

Je sais résoudre un problème

5 **Lis l'énoncé suivant et trouve la solution du problème.**

À l'heure du goûter, les enfants ont mangé $\frac{14}{4}$ de tourtes à la pêche.

Combien de tourtes à la pêche entières ont-ils mangées ?

À toi de jouer

....

LEÇON 12 Je découvre les fractions décimales

J'observe

$\frac{1}{10}$ = un dixième

$\frac{1}{100}$ = un centième

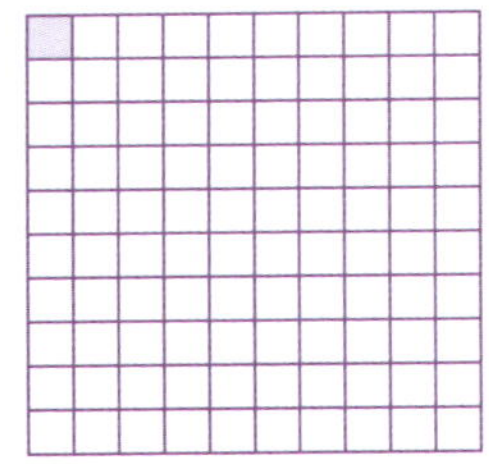

Je retiens l'essentiel

- Les fractions décimales sont des fractions qui partagent l'unité en 10, 100 ou 1 000 parts égales.
- Pour placer des fractions décimales, tu peux utiliser une droite numérique graduée. Pour les fractions décimales ayant 10 au dénominateur, il faut que les graduations de la droite partagent chaque unité en 10 parts égales. De même pour 100 et 1 000.

- Pour décomposer des fractions décimales, tu peux t'aider d'un tableau de numération. Ainsi, tu distingues bien les parties entière (sans fraction) et décimale (qui doit être sous forme de fraction).

Exemple : $\frac{18}{10} = 1 + \frac{8}{10}$

Partie entière			Virgule	Partie décimale		
Centaines	Dizaines	Unités		Dixièmes	Centièmes	Millièmes
	2	5	,	6		

Exemple : $\frac{256}{10} = 25 + \frac{6}{10}$

Je vérifie que j'ai bien compris

Complète le schéma suivant en décomposant la fraction décimale suivante et en plaçant correctement la virgule sur le résultat.

$\frac{578}{100} = \frac{...}{100} + \frac{70}{100} + \frac{8}{...} = 578$

Je manipule

1 Dessine les fractions représentées sous forme de ronds, de barres ou de triangles.

- $\frac{5}{10} =$
- $\frac{16}{10} =$
- $\frac{45}{100} =$

Exercices

Je m'entraîne

2 Écris les fractions suivantes en toutes lettres.

Suis bien l'exemple !

$\frac{42}{10}$ = quarante-deux dixièmes

- $\frac{652}{100}$ = ...
- $\frac{38}{10}$ = ...
- $\frac{509}{10}$ = ...
- $\frac{493}{100}$ = ...
- $\frac{84}{100}$ = ...

3 Colorie chaque fraction demandée ci-dessous.

$\frac{45}{100}$ = 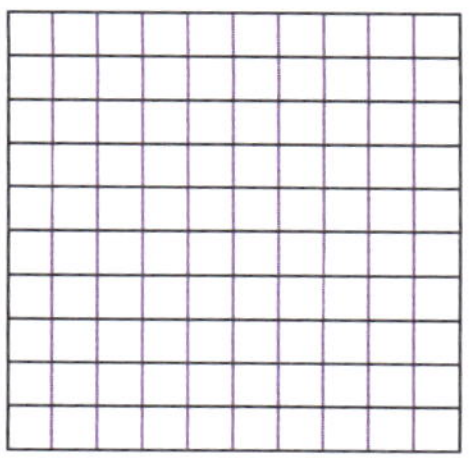

$\frac{72}{100}$ = 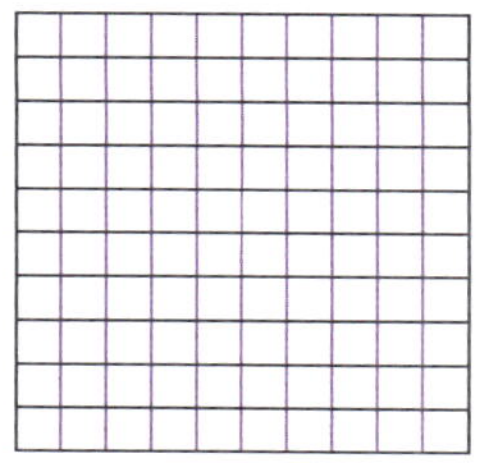

$\frac{57}{100}$ = 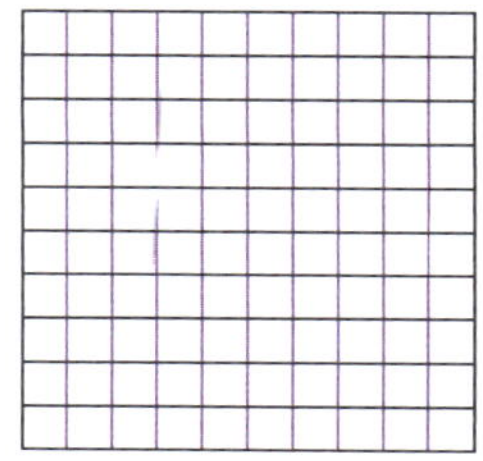

Je sais faire

4 Décompose les fractions suivantes en additions, comme dans l'exemple.

$\frac{48}{100} = \frac{40}{100} + \frac{8}{100}$

- $\frac{69}{100}$ = ... + ...
- $\frac{382}{100}$ = ... + ...
- $\frac{756}{100}$ = ... + ...
- $\frac{78}{10}$ = ... + ...
- $\frac{68}{100}$ = ... + ...
- $\frac{142}{100}$ = ... + ...
- $\frac{436}{100}$ = ... + ...

Je sais résoudre un problème

5 Lis l'énoncé suivant et trouve la solution du problème.

À l'université, Jérémie a écrit $\frac{108}{10}$ pages pour sa dissertation de littérature. Combien de pages entières Jérémie a-t-il complétées ?

Pour répondre à cette question, pense à décomposer la fraction décimale.

À toi de jouer

....

LEÇON 13 Je sais encadrer, intercaler et ranger des fractions décimales

J'observe

Comparer

$\frac{48}{100} < \frac{72}{100}$

Intercaler et encadrer

$0 < \frac{48}{100} < 1$

Décomposer

$\frac{448}{10} = 40 + 4 + \frac{8}{10}$

Je retiens l'essentiel

- **Pour comparer ou ranger des fractions décimales,** il faut qu'elles soient **sous le même dénominateur** pour que les unités soient partagées en un même nombre de parts.
  On compare alors les numérateurs, puisque les dénominateurs sont identiques.

  Exemple : $\frac{45}{10} < \frac{94}{10}$ car 45 est plus petit que 94.

- Pour **encadrer** une fraction entre deux unités, **on décompose la fraction** :

  Exemple : $\frac{659}{100} = \frac{600}{100} + \frac{59}{100} = 6 + \frac{59}{100}$ donc $6 < \frac{659}{100} < 7$

Pour aller plus loin

Lorsque deux fractions ne sont pas sous le même dénominateur, tu ne peux pas faire la comparaison directement.
Il faut d'abord mettre les deux fractions sous le même dénominateur en trouvant **un multiple commun.**

Exemple : $\frac{25}{4}$ et $\frac{18}{3} \rightarrow \frac{25 \times 3}{4 \times 3}$

et $\frac{18 \times 4}{3 \times 4} \rightarrow \frac{75}{12}$ et $\frac{72}{12} \rightarrow \frac{75}{12} > \frac{72}{12}$

donc $\frac{25}{4} > \frac{18}{3}$

Je vérifie que j'ai bien compris

Complète le schéma en comparant les fractions $\frac{6}{4}$ et $\frac{4}{6}$.

$\frac{6}{4}$ et $\frac{4}{6} \rightarrow \frac{6 \times \ldots}{4 \times \ldots}$ et $\frac{4 \times \ldots}{6 \times \ldots} \rightarrow \frac{36}{24}$ et $\frac{16}{24} \rightarrow \frac{6}{4} \ldots \frac{4}{6}$

Coup de pouce

Si tu as le même dénominateur, il suffit juste de **regarder les numérateurs.**

Je manipule

1 Compare les fractions suivantes avec le signe < ou >.

$\frac{45}{100}$ .... $\frac{69}{100}$

$\frac{39}{10}$ .... $\frac{42}{10}$

$\frac{59}{100}$ .... $\frac{95}{100}$

$\frac{84}{100}$ .... $\frac{48}{100}$

$\frac{29}{10}$ .... $\frac{48}{10}$

$\frac{77}{100}$ .... $\frac{91}{100}$

Souviens-toi :
< : plus petit que ;
> : plus grand que.

Exercices

Je m'entraîne

Souviens-toi ! Ranger dans l'ordre croissant, c'est ranger du plus petit au plus grand en utilisant le signe <.

2 **Range les fractions sur chacune des lignes suivantes dans l'ordre croissant.**

$\frac{458}{100}$ $\frac{548}{100}$ $\frac{485}{100}$ $\frac{584}{100}$ $\frac{845}{100}$ $\frac{854}{100}$

....

$\frac{615}{10}$ $\frac{156}{10}$ $\frac{165}{10}$ $\frac{561}{10}$ $\frac{516}{10}$ $\frac{651}{10}$

....

Je sais faire

3 **Place les fractions suivantes sur la droite graduée ci-dessous.**

$\frac{26}{10}$ $\frac{15}{10}$ $\frac{8}{10}$ $\frac{20}{10}$ $\frac{12}{10}$ $\frac{18}{10}$

....

4 **Encadre les fractions suivantes entre les deux nombres entiers plus proches.**

- .... $< \frac{54}{10} <$ ....
- .... $< \frac{659}{100} <$ ....
- .... $< \frac{15}{10} <$ ....
- .... $< \frac{752}{100} <$ ....
- .... $< \frac{305}{100} <$ ....
- .... $< \frac{47}{10} <$ ....
- .... $< \frac{69}{10} <$ ....
- .... $< \frac{948}{100} <$ ....

Je sais résoudre un problème

5 **Lis l'énoncé suivant et trouve la solution du problème.**

Les enfants ont mangé $\frac{548}{100}$ des sachets de bonbons présents sur la table.

Combien de sachets entiers ont-ils mangés ?

À toi de jouer

....

LEÇON 14 J'apprends à calculer avec les nombres décimaux

J'observe

6,730

Abaque

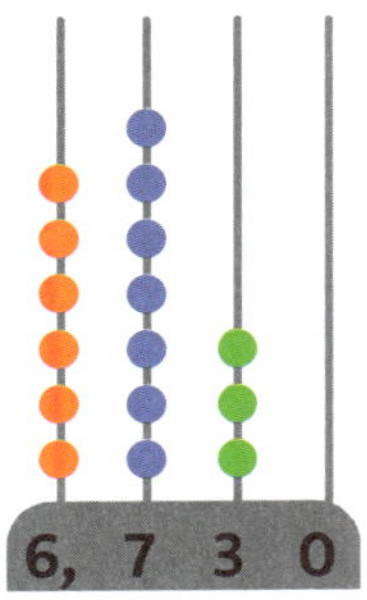

Monnaie

Tableau de numération

Partie entière	Partie décimale		
Unité	Dixièmes	Centièmes	Millièmes
6,	7	3	0

Je retiens l'essentiel

- Les nombres décimaux sont **en lien avec les fractions décimales**.
- On retrouve les termes de **dixièmes** et **centièmes** lorsqu'on lit **la partie décimale**, c'est-à-dire les nombres placés après la virgule. Les nombres placés avant la virgule constituent **la partie entière**.

Exemple : 6,730 = six virgule sept-cent-trente
ou six unités et sept-cent-trente millièmes.
6,730 correspond à 6 euros et 73 centimes.

Tu peux faire un parallèle qui peut te servir de **pense-bête** en toute situation ! **La partie entière correspond aux euros** tandis que **la partie décimale correspond aux centimes**.

Pour aller plus loin

Quand tu décomposes un nombre décimal, tu distingues les centaines, dizaines et unités pour **la partie entière** et les dixièmes, centièmes, millièmes pour **la partie décimale**. Tu regroupes ensuite l'ensemble par **l'addition**.

Exemple : $3{,}52 = 3 + 0{,}5 + 0{,}02$
$= (3 \times 1) + (5 \times 0{,}1) + (2 \times 0{,}01)$

Je vérifie que j'ai bien compris

Complète le schéma suivant en plaçant 4,782 dans le tableau suivant et en ajoutant les termes : **unités, millièmes, dixièmes, centièmes.**

Partie entière	Partie décimale		
....	....	....	....
....	....	....	....

Je manipule

1 Écris les nombres décimaux suivants en lettres.

- 45,26 : ....
- 9,48 : ....

Exercices

Je m'entraîne

2 Représente chaque nombre avec l'abaque.

23,5

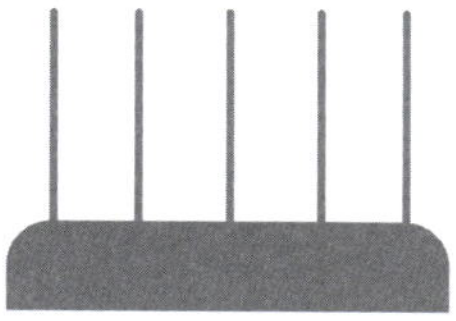

482,56

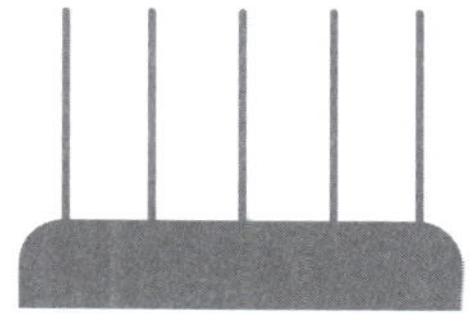

3 Complète les décompositions de chaque nombre suivant.

- 58,4 = ... + ... + ...

  58,4 = (........ × ....) + (........ × ....) + (........ × ....)

- 623,48 = ... + ... + ... + ... + ...

  623,48 = (........ × ....) + (........ × ....) + (........ × ....) + (........ × ....) + (........ × ....)

- 9,56 = ... + ... + ...

  9,56 = (........ × ....) + (........ × ....) + (........ × ....)

Tu peux revoir les deux méthodes dans la leçon.

Je sais faire

4 Représente les nombres suivants en dessinant des pièces de monnaie et des billets de banque.

63,48

94,65

Je sais résoudre un problème

5 Lis l'énoncé suivant et trouve la solution du problème.

Dans un magasin d'électroménager, Antonin a dépensé 468,78 € pour s'acheter un nouveau lave-linge.

Décompose la somme qu'il a dépensée et indique la partie du nombre entier correspondant aux euros et la partie décimale correspondant aux centimes.

À toi de jouer

....

LEÇON 15 Je sais encadrer, intercaler et ranger les nombres décimaux

J'observe

Partie entière	Virgule	Partie décimale		
Unités		Dixièmes	Centièmes	Millièmes
4	,	<u>5</u>	6	7

<

Partie entière	Virgule	Partie décimale		
Unités		Dixièmes	Centièmes	Millièmes
4	,	<u>8</u>	3	1

>

Je retiens l'essentiel

- Pour comparer deux nombres décimaux, tu dois d'abord comparer le nombre des unités. S'il est égal, tu compares ensuite le nombre des dixièmes, et s'il est égal, le nombre des centièmes, puis des millièmes.

  Exemples : 3,56 < 2,96 5,85 > 5,29 7,63 < 7,68 8,632 < 8,637

- Pour intercaler ou encadrer un nombre décimal entre deux nombres entiers, tu prends la partie entière du nombre décimal jusqu'à l'unité et le complément à l'entier supérieur.

  Exemple : 75 < 75,63 < 76

Pour aller plus loin

La place de la virgule peut changer la comparaison de deux nombres décimaux. Tu dois regarder la valeur des chiffres composant les nombres à comparer, mais aussi la place de la virgule.

Exemple : 3,0981 < 30,981 car 3 est plus petit que 30.

Je vérifie que j'ai bien compris

Complète le schéma de synthèse de la leçon en comparant, avec le signe < ou >, les deux nombres décimaux suivants.

5,45 5,449

Je manipule

1 Place les nombres décimaux suivants sur la droite graduée ci-dessous.

Pour t'aider avec cette droite graduée, regarde bien la leçon 12, p. 70.

2,6 1,4 0,2 2,7 1,3 0,9

Exercices

Je m'entraîne

2 Compare les nombres décimaux suivants avec le signe < ou >.

- 4,8 4,82
- 6,38 6,83
- 5,87 4,87
- 12,84 12,48
- 7,05 7,5
- 0,54 5,4
- 9,76 7,96
- 4,5 4,54
- 12,34 3,124

3 Intercale les nombres décimaux de ton choix entre les nombres entiers suivants.

- 5 < .... < 6
- 1 < .... < 2
- 4 < .... < 5
- 6 < .... < 7
- 2 < .... < 3
- 3 < .... < 4
- 8 < .... < 9
- 6 < .... < 7
- 0 < .... < 1

4 Intercale les nombres décimaux suivants à l'entier inférieur et supérieur.

- .... < 1,12 < ....
- .... < 3,10 < ....
- .... < 14, 12 < ....
- .... < 10,01 < ....
- .... < 270,120 < ....
- .... < 31,058 < ....

Je sais faire

5 Range cette ligne de nombres décimaux dans l'ordre croissant.

Souviens-toi : ranger dans l'ordre croissant signifie du plus petit au plus grand.

5,62 | 56,2 | 5,26 | 52,6 | 6,52 | 6,25

....

Je sais résoudre un problème

6 Lis l'énoncé suivant et trouve la solution du problème.

Sacha désire s'acheter un jeu vidéo qui coûte 28,95 €.

Quel montant en billets et pièces en euros Sacha va-t-il donner à la caissière ? Trouve au moins 2 solutions que tu dessineras ci-dessous.

À toi de jouer

LEÇON 16 Je calcule avec des compléments à l'entier supérieur

J'observe

	+ 0,05		+ 0,4	
3,55	→	3,60	→	4

Je retiens l'essentiel

- **Pour compléter un nombre décimal au centième à l'entier supérieur**, tu dois, **dans un premier temps**, chercher à arriver **au dixième supérieur**.

  Exemple : 5,68 + 0,02 = 5,70

- Puis, **dans un second temps, à l'unité supérieure**.

  Exemple : 5,70 + 0,30 = 6

- Enfin, tu **additionnes les 2 compléments** que tu as trouvés.

  Exemple : 0,02 + 0,30 = 0,32 donc 5,68 + 0,32 = 6

Pour aller plus loin

Dans le cas où tu dois calculer un entier supérieur à partir d'un nombre décimal contenant des millièmes, tu devras ajouter une étape supplémentaire à ton calcul en cherchant d'abord à compléter au centième supérieur.

Je vérifie que j'ai bien compris

Complète le schéma de synthèse de la leçon en complétant le calcul suivant.

6,68 + 0,02 = ...

↓

.... **+ 0,3 =** ....

↓

6,68 + 0,02 + 0,3 = ...

Je manipule

1 Complète le tableau ci-dessous.

	+		+	
4,62	→	4,70	→	5

	+		+	
3,37	→	3,4	→	4

Exercices

Je m'entraîne

2 Complète les pyramides d'addition suivantes en ajoutant le nombre décimal manquant.

Sommet			
23	22,45	+	....
18	....	+	0,23
9	8,21	+	....
8	7,19	+	....
12	11,36	+	....
17	0,91	+	....

3 Complète les additions de nombres décimaux suivants pour trouver le complément à l'entier supérieur.

- 8,56 + ... = 9
- 6,41 + ... = 7
- 9,28 + ... = 10
- 2,84 + ... = 3
- 3,35 + ... = 4
- 8,97 + ... = 9
- 5,12 + ... = 6
- 1,73 + ... = 2
- 3,06 + ... = 4
- 2,31 + ... = 3
- 5,18 + ... = 6
- 4,79 + ... = 5
- 6,65 + ... = 7
- 7,16 + ... = 8
- 1,89 + ... = 2

Je sais faire

4 Relie les nombres dont la somme fait 5.

4,34 •	• 0,52
4,48 •	• 0,14
4,25 •	• 0,47
4,86 •	• 0,66
4,53 •	• 0,75
4,62 •	• 0,38

Teste les nombres de chaque côté avant de commencer à les relier.

Je sais résoudre un problème

5 Lis l'énoncé suivant et trouve la solution du problème.
Mathilde a acheté un livre à 8,64 €. Elle donne 9 € à la caissière.
Combien la caissière va-t-elle lui rendre ?

À toi de jouer

....

LEÇON 17 J'apprends à identifier les caractéristiques des figures géométriques

J'observe

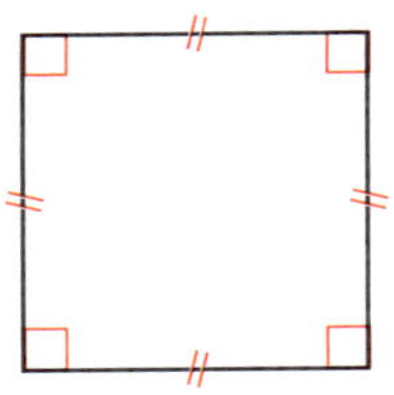

Un carré

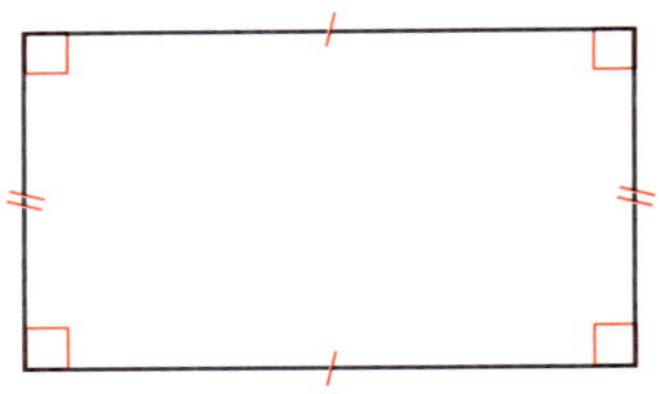

Un rectangle

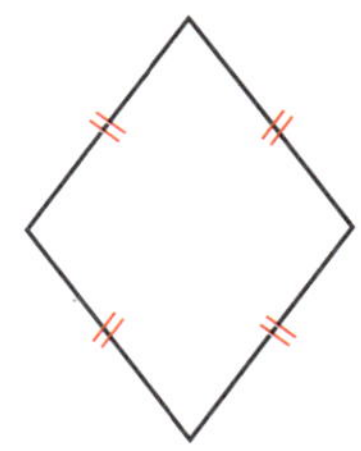

Un losange

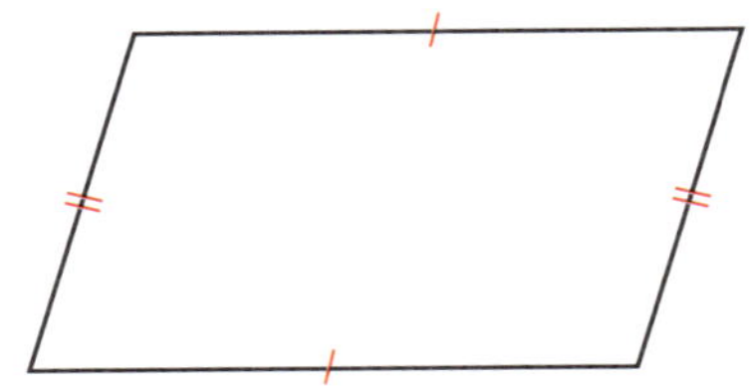

Un parallélogramme

Je retiens

- Les figures géométriques sont des formes que l'on obtient en traçant des lignes qui peuvent être droites ou courbes. Elles sont toujours fermées.
- Il en existe plusieurs dont tu dois connaître les caractéristiques en classe de CM1 :

– Le carré a 4 angles droits, 4 côtés de même longueur et 4 sommets.
Il a des diagonales de même longueur qui se coupent en leur milieu en formant un angle droit.

– Le rectangle a 4 angles droits, 4 côtés de même longueur 2 à 2 et 4 sommets.
Il a des diagonales de même longueur qui se coupent en leur milieu.

– Le losange a 4 côtés de même longueur et 4 sommets.
Il a des diagonales qui se coupent en leur milieu en formant un angle droit.

– Le parallélogramme a 4 côtés de même longueur 2 à 2 et 4 sommets.
Il a des diagonales qui se coupent en leur milieu.

Je vérifie que j'ai bien compris

Complète le tableau ci-dessous en relevant, à l'aide d'une équerre et d'une règle, les caractéristiques des deux figures suivantes dans le tableau ci-contre.

Nombre de côtés		
Nombre d'angles droits		
Nombre de côtés égaux		
Nom de la figure		

Je manipule

1. Trace des angles droits sur cette droite.

Exercices

Je m'entraîne

2 Entoure les parallélogrammes en bleu et les carrés en rouge.

3 Complète le tableau suivant.

	Nombre d'angles droits	Nombre de côtés	Nombre de sommets	Diagonales qui se coupent en leur milieu
Carré				
Rectangle				
Losange				
Parallélogramme				

Je sais faire

4 Trace les figures demandées ci-dessous.

Un rectangle dont la largeur est de 5 cm et la longueur est de 7 cm.

Un parallélogramme de 4,9 cm et 8,2 cm de côté.

LEÇON 18 — J'apprends à identifier les caractéristiques des solides

J'observe

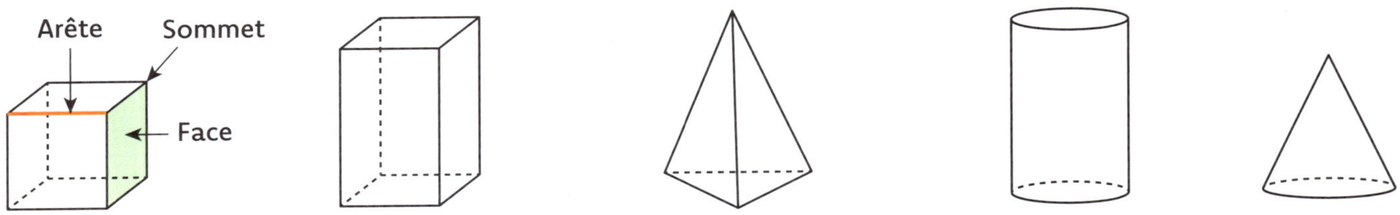

Un cube — Un pavé droit — Une pyramide à base triangulaire — Un cylindre — Un cône

Je retiens à l'essentiel

- Un solide est une forme en 3 dimensions. Celle-ci n'est pas plane mais en volume. Tu peux donc, en théorie, la prendre dans ta main, contrairement à une figure géométrique.
- Les solides sont composés de faces, d'arêtes et de sommets.
- En CM1, tu dois connaître les solides suivants :
  - Le cube : 6 faces carrées, 12 arêtes et 8 sommets.
  - Le pavé droit : 6 faces rectangulaires, 12 arêtes et 8 sommets.
  - La pyramide à base triangulaire : 4 faces triangulaires, 5 arêtes et 5 sommets.
  - Le cylindre : 3 faces (2 planes et 1 courbe) et 2 arêtes.
  - Le cône : 2 faces (1 plane et 1 courbe) et 1 arête.

Pour aller plus loin

Pour mieux appréhender les solides, tu peux les associer à des objets du quotidien. Par exemple, le dé est construit sur le modèle du cube, la brique de lait sur celui du pavé droit, le cornet de glace a la forme d'un cône, etc.

Je vérifie que j'ai bien compris

Complète le schéma suivant avec les termes : arête, face, sommet.

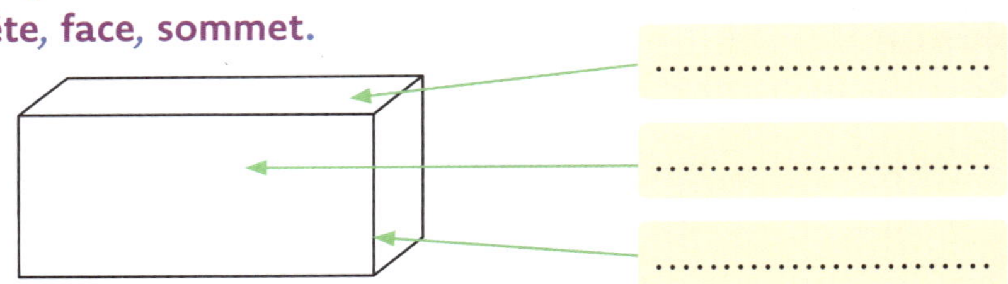

Je manipule

1 Sur le cube ci-dessous, marque tous les sommets en vert et repasse sur toutes les arêtes en rouge.

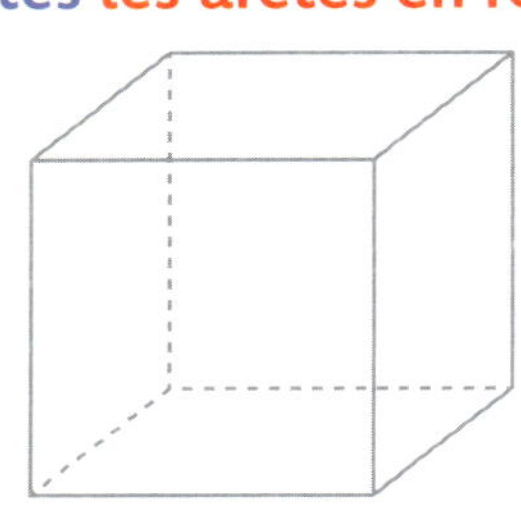

Coup de pouce

N'oublie pas que pour compter toutes les arêtes il faut aussi regarder les traits en pointillés.

Exercices

Je m'entraîne

2 Nomme correctement chacun des solides ci-dessous.

cube • pavé droit • pyramide • cylindre • cône

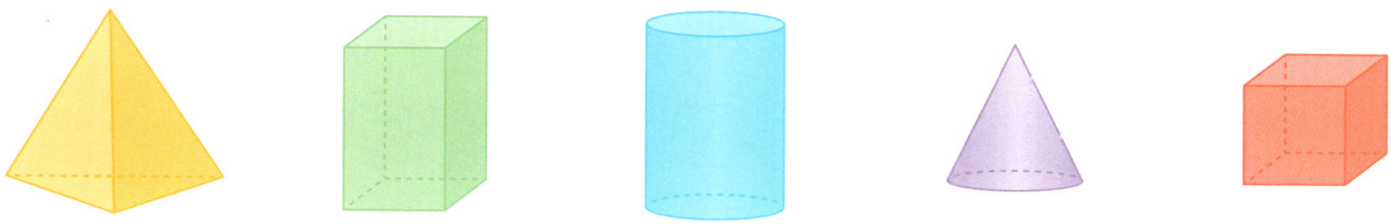

....

3 Relie les objets de la vie courante représentés ci-dessous au solide auquel ils correspondent.

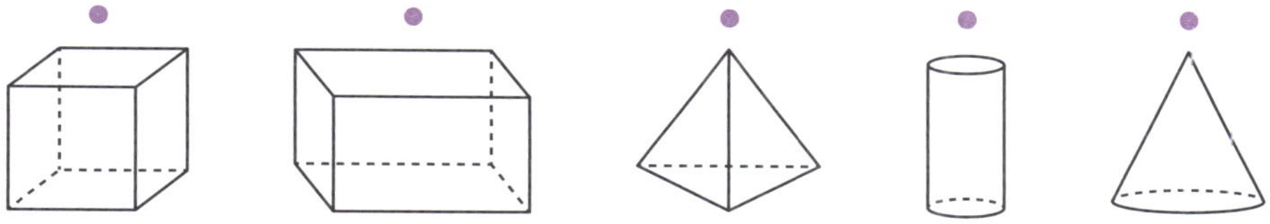

Je sais faire

4 Complète le tableau suivant.

	Nombre de faces	Nombre d'arêtes	Nombre de sommets
Cube			
Pavé droit			
Pyramide à base triangulaire			
Cylindre			

Je sais résoudre un problème

5 Lis l'énoncé suivant et trouve la solution du problème.

Samira rejoint son équipe de football pour un entraînement. Elle doit mettre les plots de signalisation pour préparer les entraînements de dribble.

À quel solide les plots qu'installe Samira correspondent-ils ? Justifie ta réponse.

....

LEÇON 19 J'apprends à calculer le périmètre et l'aire

J'observe

Périmètre = contour de la figure

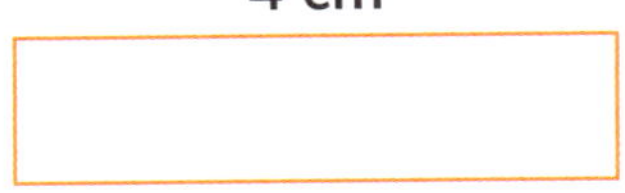

Aire = surface de la figure

Je retiens l'essentiel

- **Le périmètre** est **le contour d'une figure**. Dans la vie quotidienne, cette mesure s'exprime le plus souvent en **mètres** ou en **centimètres**.
- On calcule le périmètre **en additionnant les longueurs de tous les côtés**.

  Exemple : 2,5 + 5 + 2,5 + 5 = 15 → Le périmètre du rectangle ci-dessus est de 15 cm.
- **L'aire** est **la surface couverte par une figure**. Dans la vie quotidienne, cette mesure s'exprime en **mètres carrés (m^2)** ou **centimètres carrés (cm^2)**.
- Mais, dans un premier temps, tu peux **calculer l'aire en comptant les unités (ou carreaux) qui se trouvent à l'intérieur de la figure**.

  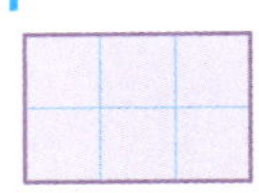

  Exemple : L'aire du rectangle ci-contre est de 6 carreaux.

Pour aller plus loin

Pour calculer plus facilement le périmètre et l'aire de certaines figures, tu peux appliquer des **formules**.

Carré
Périmètre = 4 × côté.
Aire = côté × côté.

Rectangle
Périmètre = 2 × longueur + 2 × largeur
Aire = longueur × largeur

Je vérifie que j'ai bien compris

Complète le schéma de synthèse de la leçon en calculant le périmètre du rectangle suivant de 3 cm de longueur et 1 cm de largeur.

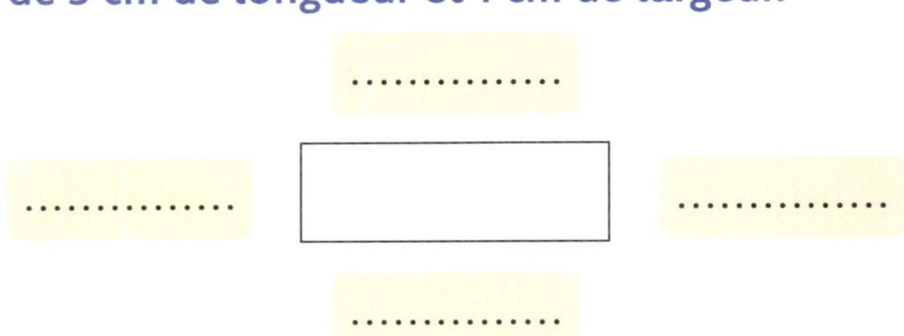

Périmètre = ... (longueur) + ... (largeur) + ... (longueur) + ... (largeur) = ...

Je manipule

1 Calcule le périmètre des deux figures suivantes.

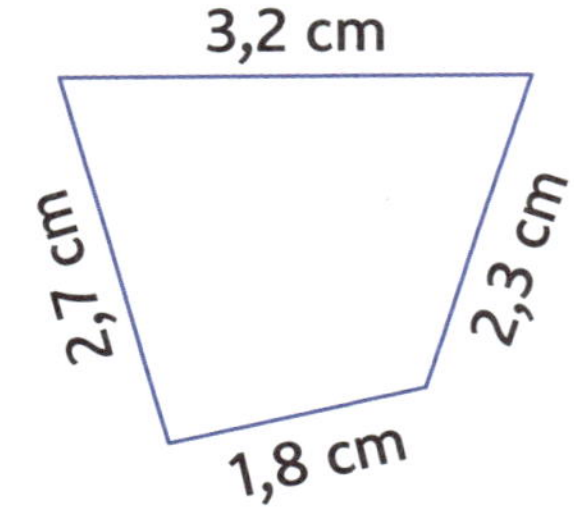

.... + ... + ...
+ .... = ...

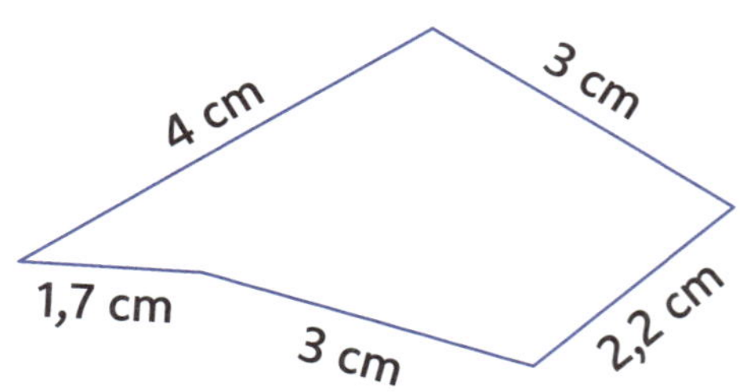

.... + ... + ...
+ .... + ... = ...

Exercices

Je m'entraîne

2 Calcule, en carreaux, l'aire des figures ci-dessous.

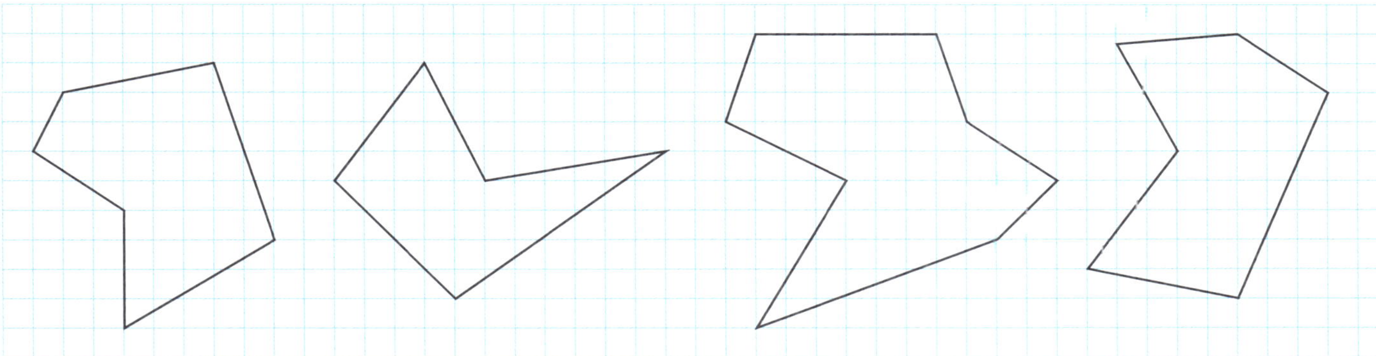

Je sais faire

3 Calcule le périmètre et l'aire de ces figures en appliquant les formules mathématiques adaptées.

7 cm

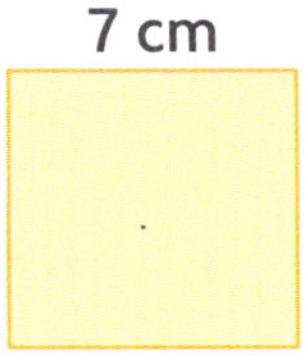

8 cm

4 cm

Souviens-toi :
aire du carré
= côté × côté ;
aire du rectangle
= longueur × largeur.

Je sais résoudre un problème

4 Lis l'énoncé suivant et trouve la solution du problème.

Izia veut calculer le périmètre ainsi que l'aire de son jardin. Voici les mesures qu'elle a prises : 15 m de longueur et 8 m de largeur.

Quels sont le périmètre et l'aire du jardin d'Izia ?

À toi de jouer

LEÇON 20 J'apprends à identifier les différents angles

J'observe

Un angle droit

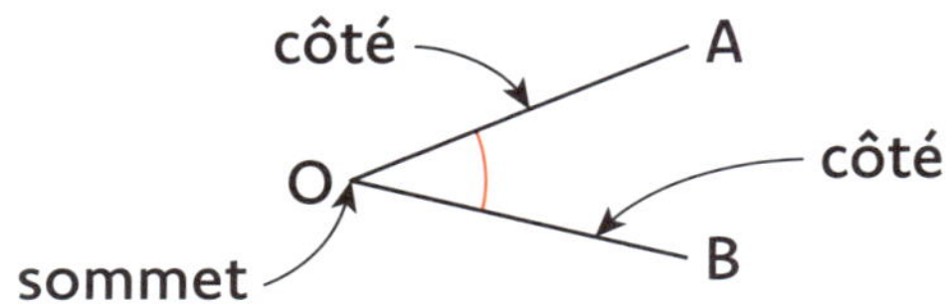

Un angle aigu

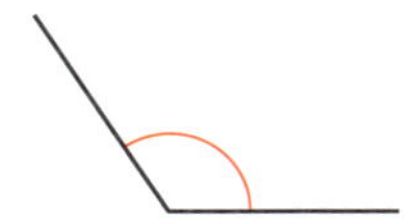

Un angle obtus

Je retiens l'essentiel

- Un angle se forme lorsque deux demi-droites se rejoignent en un point d'intersection.
Ce point de contact entre les deux demi-droites devient le sommet de l'angle.
Un angle a donc deux côtés et un sommet.
- On note un angle avec trois lettres recouvertes d'un chapeau, qui correspondent au nom des côtés et du sommet qui composent l'angle.
Exemple : « $\widehat{AOB}$ » est le nom de l'angle ci-dessus.
- Lorsqu'on mesure un angle, on s'intéresse à l'espace compris entre les deux côtés, qui peut être plus ou moins large. Cet écartement se mesure en degrés à l'aide d'un rapporteur.
- En CM1, tu dois connaître les trois types d'angles suivants :
  – L'angle droit : il mesure 90°.
  – L'angle aigu : il mesure entre 0° et 90° (inférieur à l'angle droit).
  – L'angle obtus : il mesure entre 90° et 180° (supérieur à l'angle droit).

Pour aller plus loin

Pour tracer un triangle, si tu ne disposes que de la longueur d'un seul côté, tu peux utiliser les angles dont tu connais l'écartement.
Imagine un triangle avec un côté [AB] d'une longueur de 5 cm, un angle $\widehat{BAC}$ de 60° et un angle $\widehat{ABC}$ de 45°. À partir de là, en faisant des repères d'angles, tu peux trouver le point C du triangle et finir de tracer le triangle ABC comme ceci.

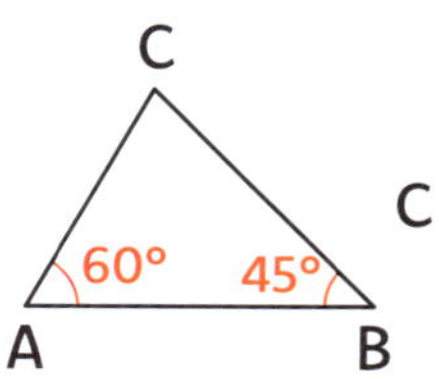

Je manipule

1 Relie chaque angle à sa définition.

angle aigu •	• angle de 90°
angle obtus •	• angle de 0 à 90°
angle droit •	• angle de 90° à 180°

Je vérifie que j'ai bien compris

Complète le schéma suivant avec les termes sommet et côté et précise les caractéristiques de l'angle ci-dessous en entourant la bonne réponse.

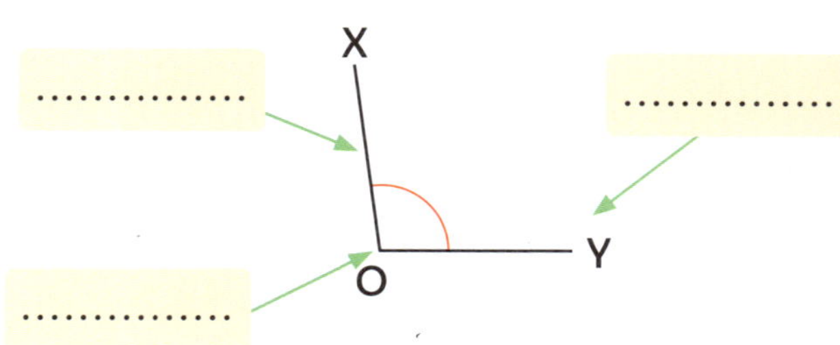

L'angle $\widehat{XOY}$ mesure 98°. Il s'agit d'un angle obtus/aigu qui est inférieur/supérieur à un angle droit.

Exercices

Je m'entraîne

2 Coche les phrases correctes parmi les propositions ci-dessous.

- [ ] Un angle aigu est inférieur à un angle obtus.
- [ ] Un angle droit est supérieur à un angle aigu.
- [ ] Un angle obtus est supérieur à un angle droit.
- [ ] Un angle aigu est supérieur à un angle obtus.
- [ ] Un angle obtus est inférieur à un angle droit.
- [ ] Un angle droit est supérieur à un angle obtus.

Souviens-toi : angle droit = 90° ; angle aigu = entre 0° et 90° ; angle obtus = entre 90° et 180°.

Je sais faire

3 Classe tous les angles de la figure suivante dans le tableau ci-dessous selon leurs catégories.

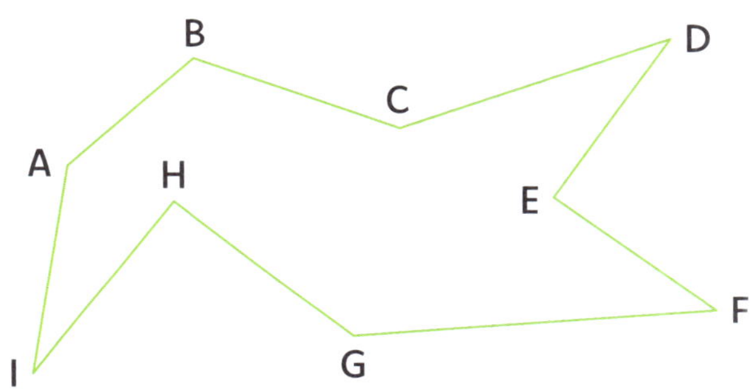

Angles aigus	Angles obtus	Angles droits
$\widehat{HIA}$		

4 Trace un angle droit $\widehat{DEF}$, un angle aigu $\widehat{FGH}$ et un angle obtus $\widehat{KLM}$.

Sers-toi de ton équerre, de ta règle et de ton rapporteur !

LEÇON 21 Je résous des problèmes de durées

J'observe

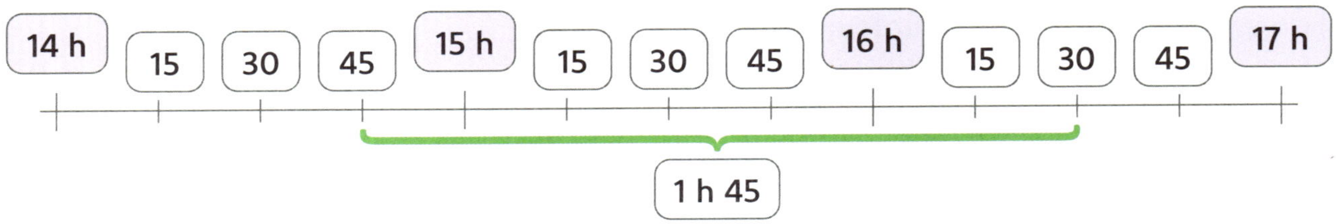

Je retiens l'essentiel

- La durée désigne un intervalle de temps écoulé.
- Tu dois trouver l'unité appropriée selon la durée que tu veux mesurer. Ainsi, tu vas utiliser différents instruments : une montre ou une horloge (heures ou minutes), un chronomètre (secondes ou minutes), un calendrier (jours, semaines, mois ou années).
- Pour résoudre des problèmes de durées, tu peux utiliser un schéma. Ce schéma peut prendre la forme d'une droite graduée sur laquelle tu avances progressivement en faisant des bonds selon les étapes de calcul.

  Exemple : Entre 14 h 45 et 16 h 30, il s'est écoulé 1 h 45.

Souviens-toi ! Sur un cadran, la petite aiguille indique les heures et la grande les minutes.
Pour lire les minutes, il faut multiplier le chiffre indiqué par l'aiguille par 5.

Je vérifie que j'ai bien compris

Complète le schéma de synthèse de la leçon en indiquant la durée écoulée à l'aide de la droite graduée ci-dessous.

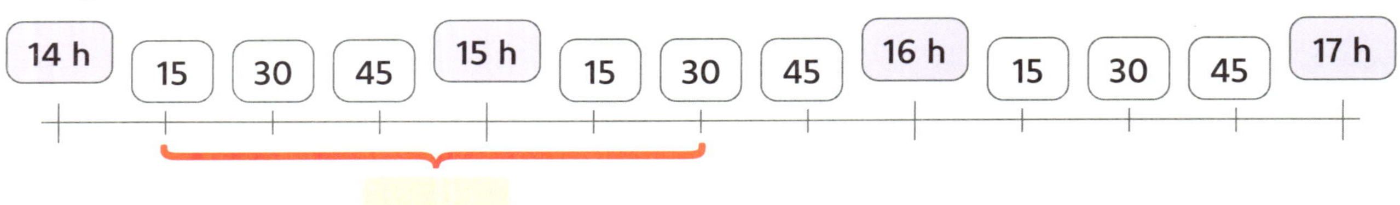

Je manipule

1 Avant de t'exercer à résoudre des problèmes de durées, observe les horloges suivantes et écris l'heure du matin et de l'après-midi indiquée.

Heure du matin : ....

Heure de l'après-midi : ....

Heure du matin : ....

Heure de l'après-midi : ....

Exercices

Je m'entraîne

2 Relie chaque événement à l'unité de temps qui convient.

Un voyage en train de Paris à Marseille •	• Secondes
Les vacances d'été •	• Minutes
Une course sur 100 mètres •	• Mois
Une mission spatiale •	• Heures
La cuisson d'un gâteau •	

Je sais faire

3 Convertis les durées suivantes.

- 5 min 37 sec = ... sec
- 1 h 45 min = ... min
- 900 sec = ... min
- 14 h 18 min = ... min
- 5 h 37 min et 45 s = ... min et .... sec
- 1 j, 8 h et 42 min = ... h et .... min

Souviens-toi !
1 minute = 60 secondes ;
1 heure = 60 minutes ;
1 jour = 24 heures.

Je sais résoudre un problème

4 Observe l'emploi du temps de Robin et réponds aux questions suivantes.

a. Combien de temps est nécessaire à Robin pour se préparer le matin ?

....

b. Combien d'heures passe-t-il en classe ?

....

c. Combien de temps son cours de tennis dure-t-il ?

....

7 h 45	Réveil
8 h	Petit-déjeuner
8 h 15	Départ pour l'école
8 h 30	Début de la classe
10 h	Récréation
10 h 30	Reprise de la classe
11 h 30	Cantine
13 h 30	Reprise de la classe
15 h	Récréation
15 h 30	Reprise de la classe
16 h 30	Fin de la classe
17 h	Goûter
17 h 30	Cours de tennis
18 h 45	Fin du cours de tennis
19 h	Retour à la maison

5 Lis l'énoncé suivant et trouve la solution du problème.

Le match de volleyball de Nathan a duré 68 minutes. Il s'est terminé à 14 h 23.
À quelle heure a-t-il commencé ?

À toi de jouer

....

Corrigés

1 J'identifie les composants du groupe nominal (p. 6-7)

1 Au musée de la Préhistoire, les élèves de la classe ont utilisé des outils anciens.
Les bandes dessinées que nous lisons en classe sont toutes de moins de cent pages.
Le programme de cinéma propose de nombreux dessins animés pendant les vacances scolaires.
Le tunnel sous la Manche accueille de nombreux automobilistes français.
Le match de rugby est suivi par les supporters.

2 Exemples de réponses :
Le livre bleu est sur le bureau. La vieille dame marche dans la rue.
Les élèves italiens sont très contents.

3 en train / en voiture
de paille / de midi
au chocolat
de Nino / de son voisin

4 gymnase / les élèves
cantine / enfants / gâteau
orage / ville
maison / colline

5 Exemples de réponses :
Le boulanger qui fait du bon pain Un cartable qui est lourd
La planète dont je viens

6 • Pierre et Mathilde regonflent les ballons de la salle de gym.
noms propres déterminant + nom commun + complément du nom

• Les enfants présents sur la plage dévorent des yeux
déterminant + nom commun déterminant + nom commun

le camion du marchand de glaces.
déterminant + nom commun + complément du nom

2 J'applique les accords dans le groupe nominal (p. 8-9)

1 gants chauds / montagnes
maillots / bain / piscine
fleur bleue / jardin extraordinaire
blonds / gris.

2 coureurs → masculin pluriel
parc → masculin singulier
pirouettes → féminin pluriel
buisson → masculin singulier
piste → féminin singulier

3 Exemples de réponses :
Une classe verte
Un sorcier adroit
Des fleurs odorantes
Des champignons vénéneux

4 • miaulent • grille
• aime • toussent
• s'entraînent

5 L'oiseau qui chante à tue-tête
Le dragon de la mythologie
La fête foraine que j'adore
Le livre préféré d'Arthur

6 Ces chevaux qui arrivent au galop
Les arbres de mon enfance
Les jardiniers du château
Mes chiens obéissants

3 J'apprends à distinguer les types et les formes de phrases (p. 10-11)

1 L'automne approche. Le vent se lève et les feuilles prennent des couleurs d'automne. Comment est-il possible que les températures aient chuté aussi vite ? Comme il fait froid aujourd'hui ! Prends ton manteau si tu ne veux pas être enrhumé.

2 Les éléphants boivent avec leur trompe.
Le vent se lève toujours le soir.
Nathan ne reste ni à la cantine ni à l'étude.
Robin aime les épinards et les brocolis.

3 La maîtresse explique-t-elle les règles de la classe ?
Est-ce que la maîtresse explique les règles de la classe ?
Les enfants empruntent-ils des nouveaux livres à la bibliothèque ?
Est-ce que les enfants empruntent des nouveaux livres à la bibliothèque ?

4 Comme les tomates poussent vite dans le jardin !
Comme le vent chasse violemment les nuages !

5 Range ta chambre ! Promène ton chien !

6 Aimes-tu aller à la mer ?
Les lapins ont de grandes oreilles.
Ne touche pas à ça !
Que le ciel est bleu !
Il n'aime pas les cacahouètes.

phrase déclarative
phrase impérative
phrase interrogative

4 Je différencie les compléments circonstanciels (p. 12-13)

1 en ce moment ; depuis longtemps ; cet après-midi ; jusqu'à ce soir
dans le Nevada ; à la piscine ; dans le ciel ; dans la cour
avec précaution ; pieds nus ; à vive allure ; en faisant beaucoup de bruit

2 Les enfants marchent vite.
Nous partons en train.
Le bus scolaire arrive lentement.
Noah fait ses devoirs avec concentration.
La voiture roule plus vite que l'éclair.
Les flocons de neige tombent en recouvrant le sol.

3 Les enfants font un pique-nique dans le jardin.
Le robot est tombé en panne hier soir.
Maman a préparé une tarte aux pommes pour le repas de midi.
Vous partez en voyage cet été.
Aujourd'hui, nous profitons de la piscine.

4 Elle a lavé ses cheveux parce qu'ils étaient sales.
Les bateaux rentrent au port en passant le contrôle.
La piscine est froide parce que le mécanisme ne fonctionne plus.
Nous mangeons des frites avec du ketchup parce que c'est bon.
Les cochons dévorent leur dîner voracement.

5 La tempête fait rage. Le feu crépite.
Un bol fume. Les promeneurs s'installent.
Anna adore habiller ses poupées.

5 J'accorde correctement les mots (p. 14-15)

1 Les courgettes fument encore dans le plat.
Les lourdes grappes de raisin pendent de la vigne.
L'avion de ligne ne décolle pas.
La feuille orangée tombe lentement sur le sol.

2 Il : Le jongleur ; Nous : Mes fères et moi ; Elle : La pianiste ; Vous : Julia et toi ; Elles : Mes robes ; Ils : Les kangourous.

3 Les bouteilles en verre : Elles
Le clown et l'équilibriste : Ils
Mes cousins et moi : Nous
Les voitures : Elles
Les chiens de nos voisins : Ils
Louis et toi : Vous

4 Exemples de réponses :
Ils : Les amis
Il : Le docteur
Nous : Ma mère et moi
Vous : Angèle et toi

5 Ce jeune chêne a des fourmis plein le tronc.
Les hélicoptères atterrissent dans une dizaine de minutes.
Les gants chauds me protègent du froid de l'hiver.
Les renardes malicieuses se cachent derrière les arbres.

6 Je conjugue les verbes du 1er groupe et du 2e groupe au présent (p. 16-17)

1 Ils/Elles
Il/Elle/On
Tu
Vous
Nous

garnissons les choux de crème.
tombent des arbres en virevoltant dans l'air.
fêtes ton anniversaire dans un jardin.
donnez des biscuits à chaque enfant de la classe.
raconte une blague lue dans un livre.

2 gagnent gagnez
gagne gagnons
gagne

3 saute pousse
jouent rêves
achetons

4 Louis se débrouille très bien tout seul.
Nous tapons à la porte de mes voisins pour demander un conseil.
Mes cousines me bordent chaque soir avant que je ne m'endorme.

7 Je conjugue être et avoir et les verbes du 3e groupe au présent (p. 18-19)

1 Nous
Je
Ils
Tu
Vous
Elle
Elles
Il

sommes en vacances.
a peur des araignées.
faites beaucoup de bruit.
disent des devinettes.
peux manger tout seul.
as une tente.
prend toujours des fruits en dessert.
viennent pour le goûter.

2 Tu	3 vient	4 vont	avons
Nous	sommes	veux	peuvent
Il/Elle/On	ai	tenez	fait
Vous	font	sont	
Je	dites	dis	

8 Je révise les irrégularités du présent (p. 20-21)

1 Je balance	J'interroge
Tu balances	Tu interroges
Il/Elle/On balance	Il/Elle/On interroge
Nous balançons	Nous interrogeons
Vous balancez	Vous interrogez
Ils/Elles balancent	Ils/Elles interrogent

2 nous	3 appelle	4 rangeons
nous	commençons	étincellent
vous	jettent	jettent
je	coincez	échangeons
il	achète	pèse

5 Vous congelez les légumes pour pouvoir faire des soupes plus facilement.
Nous rangeons la chambre pour éviter que le désordre ne devienne trop important.
Tu appelles notre grand-mère au moins une fois par semaine.

9 Je conjugue les verbes du 1er groupe et du 2e groupe au futur (p. 22-23)

1 Les enfants mangeront. → Mon cousin et moi divertirons. → Ton meilleur ami arrivera. → Je quitterai. → Lyséa et toi ramasserez. → Tu franchiras. → Elle dansera. → Ils choisiront.

2 soigneront	3 regarderont
préparerai	imaginera
finirons	galoperont
verniras	saluerons

4 Le footballeur lancera des balles à plus de 90 km/h.
Nous fermerons la porte pour éviter les courants d'air.
Vous vous laverez les dents juste après manger.
Mes parents me donneront ton cadeau la prochaine fois que nous nous verrons.

5 Le hibou chassera la nuit et dormira le jour.
Maëlys réparera sa bicyclette pour pouvoir partir en promenade avec ses amis.
Nous fabriquerons une carte de vœux pour l'envoyer à nos grands-parents.
Les enfants réciteront la poésie apprise pendant le week-end.

10 Je conjugue les verbes irréguliers au futur (p. 24-25)

1 Je → viendrai chez vous. Tu → auras de la chance. Elle → ira en direction de la rivière. Nous → tiendrons la rampe. Vous → ferez des gâteaux. Ils → tiendront le coupable. Il → prendra le train.

2 nous	3 tiendrai	4 iront
ils/elles	serons	voudra
tu	voudront	serai
j'	feront	auras
	aurez	

5 J'aurai beaucoup de chance de t'avoir près de moi.
Les pêcheurs feront plusieurs fois le tour du lac pour trouver l'endroit idéal.
Nous serons sur le chantier pour vérifier l'avancement des travaux de la future maison.

11 Je conjugue les verbes du 1er groupe et du 2e groupe à l'imparfait (p. 26-27)

1 Je laissais	Je franchissais	2 je	3 sentais
Tu laissais	Tu franchissais	vous	bougeaient
Il/Elle/On laissait	Il/Elle/On franchissait	il	grandissiez
Nous laissions	Nous franchissions	nous	rangeais
Vous laissiez	Vous franchissiez	ils	demandions
Ils/Elles laissaient	Ils/Elles franchissaient		

4 Ils s'arrêtaient toutes les deux heures pour éviter d'être fatigués.
Aladin et Abu sautaient dans la grotte pour récupérer le trésor et la lampe magique.
Tu ne te déplaçais qu'en bus lorsque tu étais à Londres.
Les agriculteurs semaient des graines de tomates dès le mois de mars pour avoir des plants en mai.

5 Le ciel s'illuminait au petit matin avec le lever du soleil.
Jeanne et Louis partaient en vacances au bord de la rivière.
Nous pensions avoir du temps pour faire nos devoirs.

12 Je conjugue être et avoir et les verbes du 3e groupe à l'imparfait (p. 28-29)

1 Je disais	Je faisais	2 avait	3 voyais
Tu disais	Tu faisais	voyait	faisaient
Il/Elle/On disait	Il/Elle/On faisait	faisions	étions
Nous disions	Nous faisions	disais	avaient
Vous disiez	Vous faisiez	prenais	disiez
Ils/Elles disaient	Ils/Elles faisaient		

4 Ma grand-mère n'était pas faite pour une si grande randonnée.
Vous aviez confiance en elle et saviez qu'elle arriverait à passer son audition.
Tu étais au centre commercial pour acheter le cadeau d'anniversaire de mon meilleur ami.
Mes cousines faisaient un château de sable au bord de la mer pendant vos vacances.

5 Vous preniez l'avion à l'aéroport Charles-de-Gaulle.
Le chat de mon voisin faisait des bêtises tous les jours.
Je voyais un film au cinéma avec ma sœur.

13 Je conjugue les verbes du 1er groupe et du 2e groupe au passé composé (p. 30-31)

1 Nous avons raconté l'histoire à Emma.
J'ai préparé une quiche.
Ils sont poussés par le vent.
Pierre a choisi sa prochaine lecture.

2

Je	ont travaillé dur pour avoir de bonnes notes.
Le manchot	avez jonglé avec des balles de tennis.
Toi et moi	a nagé dans le lac.
Tu	avons fini de manger.
Vous	as porté beaucoup de bagages jusqu'à la voiture.
Les filles de ma classe	suis arrivée la première lors de la course.

3 sommes passés	ont mangé	ai franchi
s'est déplacé	êtes restés	est restée

4 Je suis émerveillé(e) par la splendeur des paysages !
Tu as pensé qu'il serait une bonne idée de changer d'hôtel.
Mes amies sont restées dans la même ville pendant tout leur séjour.

5 Tu as pensé faire de ton mieux et tu as eu raison.
Nous sommes restés à la maison pour regarder des films.
Vous avez joué aux cartes pendant tout l'après-midi.

14 Je conjugue être et avoir au passé composé (p. 32-33)

1 Nous avons eu ; Il/Elle/On a eu ; Tu as eu ; J'ai eu ; Ils/Elles ont eu ; Vous avez eu.
J'ai été ; Vous avez été ; Il/Elle/On a été ; Ils/Elles ont été ; Nous avons été ; Tu as été.

2 Ils/Elles J' Nous Tu Ils/Elles

3 Élise, Marie et toi → avez été gentilles. J' → ai eu des bonbons. Tu → as été chanceux. Mon ami → a eu mal à la tête. Nous → avons eu peur. Les marchands de glace → ont été généreux.

4 a été
a eu
ont eu
ai été
ont été

5 Les photographies ont été floues au développement.
Le grand panda a eu peur quand l'enfant a tapé dans ses mains.
Nous avons été extrêmement gentils avec lui.
Les nouveaux arrivants ont eu beaucoup de mal à se faire des amis.

15 J'apprends à utiliser un dictionnaire (p. 34-35)

1 calcul, géométrie, grammaire, numération, orthographe, vocabulaire.
football, futsal, roller, rugby, skate, ski.
kangourou, koala, ocelot, otarie, panda, pieuvre.

2 navigation, niche, nuage
monstruosité, montage, montagne, morse
panier, panique, panneau, panoplie, paon
joyau, jucher, judo, judoka, juger

3 papier / papa ; balai / ballerine ; caleçon / claver ; marcassin / marteler ; forcené / fromage

4 syn. = synonyme ; n. f. = nom féminin ; n. m. = nom masculin ; v. = verbe ; adj. = adjectif ; rem. = remarque ; contr. = contraire.

5 Furet : n. m. Petit mammifère carnivore domestique, au pelage blanc ou brun et aux yeux rouges. *Le furet est parfois dressé pour chasser les lapins dans leur terrier.* → Vois aussi putois.

16 Je reconnais les familles de mots et j'identifie les préfixes et les suffixes (p. 36-37)

1 voler ; envol ; survol ; volière
élargissement ; large ; largeur ; élargir ;
clairière ; éclaireur ; clairsemé ; éclairage
surligner ; alignement ; lignage ; souligner

2 dent – dentier – édenté – dentaire – dentiste
imprudent – prudence – prudemment – imprudente
porte – apporter – emporter – portage – transporter
lumière – illuminer – lumineux – illumination – allumer

3 **habiter** → **habitant** – habitude – **inhabité** – **habitation** – habits
long → **longueur** – **longer** – lampe – **rallonge** – large
monter → **surmonter** – **montagne** – monde – émonder – **démonter**
pot → **potier** – potiron – **rempoter** – potimarron – potion – **poterie**

4 temps/intemporel ; chaleur/chaud ; pied/piéton ; boire/buveur

5

Famille de chaussures	Famille de peinture	Famille de lenteur	Famille de nouveau
chaussure chausser déchausser chaussette	peindre peintre repeindre peinture	lent lentement ralentissement lenteur	nouveau nouveauté nouvelle renouveler

6 Exemples de réponses :
possible : impossible possiblement Il m'est impossible de venir ce soir.
grandir : agrandir grandissement Il veut agrandir sa maison.

17 Je distingue les homophones (p. 38-39)

1 Le maire de la ville a décidé que le centre-ville serait piéton.
C'est le parapluie de ma mère. Elle me l'a prêté.
Le trajet pour aller à l'école est très court.
Dans la cour de récréation, j'aime bien courir pour me dégourdir les jambes.
Dans le port, les bateaux viennent s'amarrer.
Chez le fermier, le porc est dans la porcherie.
Pour le gâteau, il faut de la poudre d'amande.
Mon papa a eu une amende pour avoir garé sa voiture au mauvais endroit.

2
avocat
souris
baguette
feuille

- Métier qui consiste à défendre une personne au tribunal.
- Petit bâton mince servant aux fées et aux magiciens pour faire de la magie.
- Petit animal de la famille des rongeurs.
- Élément d'un arbre qui tombe à l'automne.
- Objet branché à un ordinateur qui permet de faire bouger le curseur.
- Morceau de papier rectangulaire.
- Fruit vert à la peau grumeleuse et à la chair fondante.
- Pain long et mince.

3 renne ; saut ; chaîne ; tente.

4 roux lait faire père coup cygne

5 Exemples de réponses :
Il marche à l'aide d'une canne.
La lampe coûte cent euros.
C'est une robe avec un col Claudine.
J'espère qu'il y aura des frites, j'ai faim !
Ferme tes doigts pour former un poing.

18 Je distingue les synonymes et les antonymes (p. 40-41)

1 triste ; mécontent ; ennuyé ; malheureux ; attristé
content ; joyeux ; satisfait ; bienheureux ; enchanté ; ravi ; euphorique

2 bonheur ≠ malheur ; plein ≠ vide ; emprisonné ≠ libre

3 début gentil vendre fin méchant acheter

4 décorer/orner ; ressentir/éprouver ; danger/péril ; souple/flexible ; nouveau/neuf

5 Les hommes préhistoriques vivaient dans des cavernes.
Le médecin a soigné un enfant qui avait mal aux dents.
L'ogre a mangé les frères du Petit Poucet pour son déjeuner.

6 Peu de monde venait le voir en concert.
J'ai réussi mon concours d'équitation.
Mon frère a été refusé par une équipe de handball.

7 beau ; charmant ; magnifique.

8 calme ; paix ; silence.

19 Je sais lire correctement un texte (p. 42-43)

1 Le personnage principal est la Belle.

2 Elle se trouve dans un château.

3 Belle se balade dans le château.

4 Elle découvre un appartement pour elle. Il y a à l'intérieur une grande bibliothèque, un clavecin et des livres de musique.

5 Magnificence : n. f. Mot littéraire. Fait d'être magnifique, somptueux. *La magnificence d'une cérémonie.* SYN. éclat, faste, splendeur. → Mot de la famille de magnifique.
Clavecin : n. m. Instrument de musique à claviers et à cordes métalliques pincées, qui ressemble à un petit piano à queue. *Mozart a écrit de nombreux morceaux pour clavecin.* → Nom des musiciens : un ou une claveciniste.
Provision : n. f. Quantité de choses utiles que l'on garde en réserve. *Faire des provisions de bois pour l'hiver.* SYN. stock.

6 résolut ; beau ; château ; beauté ; porte ; bibliothèque ; provision.

7 se ; s'empêcher ; surprise ; sur ; cette ; précipitation ; magnificence ; ce ; sa ; clavecin ; pensa ; ensuite ; si ; ici.

20 Je sais comprendre un texte (p. 44-45)

1 Pierre prépare un gâteau aux pommes. Il a sorti les ingrédients qui le composent, comme la farine. Il a aussi préparé un moule pour la cuisson au four.

2 Nous sommes la nuit car le ciel est sombre et les étoiles sont visibles.

3 La scène se déroule au cirque.

4 Emma pleure car elle est tombée de son vélo et elle s'est blessée.

5 Tom et Huck sont amis. Ils vivent dans la même ville et passent du temps ensemble : « Un soir, Tom et Huck se rendent au cimetière. » Ils se font aussi des promesses comme le font les amis, ils « se jurent de ne jamais parler à personne de ce qu'ils viennent de voir ».

6 Tom et Huck ne veulent pas parler de l'assassinat du docteur Robinson car ils ont peur, ils sont « terrorisés. »

7 Tom décide de partir à l'aventure car il veut découvrir de nouvelles choses. De plus, il a peur de rester en ville après avoir été témoin de l'assassinat du docteur Robinson.

1 Je compte et compare les nombres jusqu'à un million (p. 48-49)

❶ 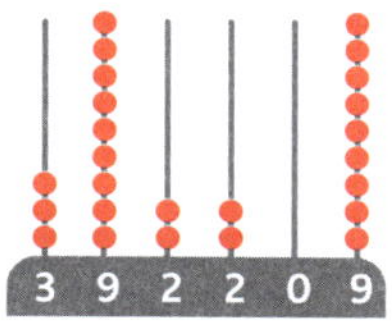

❷ 584 260 → cinq-cent-quatre-vingt-quatre-mille-deux-cent-soixante ;
400 596 → quatre-cent-mille-cinq-cent-quatre-vingt-seize ;
703 208 → sept-cent-trois-mille-deux-cent-huit

❸ 635 840 = 600 000 + 30 000 + 5 000 + 800 + 40
635 840 = (6 × 100 000) + (3 × 10 000) + (5 × 1 000) + (8 × 100) + (4 × 10)
704 265 = 700 000 + 4 000 + 200 + 60 + 5
704 265 = (7 × 100 000) + (4 × 1 000) + (2 × 100) + (6 × 10) + (5 × 1)
830 078 = 800 000 + 30 000 + 70 + 8
830 078 = (8 × 100 000) + (3 × 10 000) + (7 × 10) + (8 × 1)

❹ 987 356 < 987 365 ; 650 708 > 605 780 ; 59 627 < 509 627 ;
804 215 > 215 804 ; 47 365 < 470 365 ; 832 060 > 832 006 ;
48 210 > 48 201 ; 804 653 < 840 214

❺ 576 892 < 756 289 Mahmoud a obtenu un meilleur score qu'Élisa.

2 Je résous des additions en ligne et posées (p. 50-51)

❶ 87 364 = 80 000 + 7 000 + 300 + 60 + 4
7 209 = 7 000 + 200 + 9

❷ 2 736 + 876 = 3 612 938 + 6 736 = 7 674 5 096 + 3 789 = 8 885

❸

+	2 548	7 025	1 836	42 698
6 348	8 896	13 373	8 184	49 046
942	3 490	7 967	2 778	43 640

❹

		$^{1}8$	7	$^{1}2$	9
+			7	6	3
		9	4	9	2

	6	0	9	2
+			6	7
	6	1	5	9

	^{1}	$^{1}9$	8	2	$^{1}0$	3
+			6	7	3	8
	1	0	4	9	4	1

❺ 8 790 + 2 348 = 11 138 Jean a dépensé 11 138 €.

3 Je résous des soustractions en ligne et posées (p. 52-53)

❶ 458 248 = 400 000 + 50 000 + 8 000 + 200 + 40 + 8
62 409 = 60 000 + 2 000 + 400 + 9

❷ 40 659 – 25 403 = 15 256 8 405 – 6 280 = 2 125 75 638 – 842 = 74 796

❸

–	15 048	9 374	24 175	20 635
77 058	62 010	67 684	52 883	56 423
58 469	43 421	49 095	34 294	37 834

❹

	4	$^{1}5$	6	$^{1}0$	$^{1}3$
–	$_{1}$	7	$_{1}5$	$_{1}8$	4
	3	8	0	1	9

	6	$^{1}2$	$^{1}0$	$^{1}3$	5
–	$_{1}$	$_{1}9$	$_{1}4$	8	5
	5	2	5	5	0

	1	7	$^{1}8$	$^{1}2$	$^{1}5$
–		$_{1}$	$_{1}9$	$_{1}9$	8
	1	6	8	2	7

❺ 8 452 – 7 500 = 952 Lisa doit retirer 952 g.

4 Je révise les tables de multiplication et de division (p. 54-55)

❶ 5 × 6 = 30 7 × 4 = 28 4 × 9 = 36
9 × 7 = 63 6 × 3 = 18 8 × 8 = 64

❷ 5 × 9 = 45 ; 7 × 6 = 42 ; 3 × 9 = 27 ; 4 × 9 = 36 ; 6 × 8 = 48 ; 9 × 7 = 63 ;
5 × 8 = 40 ; 8 × 6 = 48 ; 7 × 7 = 49 ; 6 × 9 = 54 ; 4 × 8 = 32 ; 5 × 7 = 35 ;
9 × 9 = 81 ; 8 × 8 = 64 ; 7 × 8 = 56

❸ 6 × 9 = 54 9 × 9 = 81 6 × 7 = 42 9 × 7 = 63
8 × 6 = 48 7 × 8 = 56 7 × 7 = 49 6 × 6 = 36

❹ Exemples de réponses
8 = 72 ÷ 9 ; 9 = 9 ÷ 3 ; 7 = 49 ÷ 7 ; 6 = 18 ÷ 3 ; 8 = 16 ÷ 2 ; 9 = 45 ÷ 5 ;
7 = 28 ÷ 4 ; 6 = 36 ÷ 6 ; 2 = 14 ÷ 7 ; 3 = 12 ÷ 4 ; 4 = 16 ÷ 4 ; 5 = 30 ÷ 6 ;
2 = 18 ÷ 9 ; 3 = 15 ÷ 5 ; 4 = 32 ÷ 8 ; 5 = 50 ÷ 10

❺ 56 ÷ 7 = 8 Mme Blanchard a 8 poules.

5 J'apprends à résoudre une multiplication en ligne (p. 56-57)

❶ 4 286 × 4 = (4 000 × 4) + (200 × 4) + (80 × 4) + (6 × 4)
8 409 × 5 = (8 000 × 5) + (400 × 5) + (9 × 5)
2 453 × 7 = (2 000 × 7) + (400 × 7) + (50 × 7) + (3 × 7)
5 981 × 2 = (5 000 × 2) + (900 × 2) + (80 × 2) + (1 × 2)

❷ 4 829 × 6 = (4 000 × 6) + (800 × 6) + (20 × 6) + (9 × 6) = 24 000 + 4 800 + 120 + 54 = 28 974
2 840 × 3 = (2 000 × 3) + (800 × 3) + (40 × 3) = 6 000 + 2 400 + 120 = 8 520
8 425 × 5 = (8 000 × 5) + (400 × 5) + (20 × 5) + (5 × 5) = 40 000 + 2 000 + 100 + 25 = 42 125

❸

×	3	4	5	6
5 182	15 546	20 728	25 910	31 092
2 367	7 101	9 468	11 835	14 202

❹ 9 518 × 30 = (9 000 × 30) + (500 × 30) + (10 × 30) + (8 × 30) = 270 000 + 15 000 + 300 + 240 = 285 540
7 185 × 20 = (7 000 × 20) + (100 × 20) + (80 × 20) + (5 × 20) = 140 000 + 2 000 + 1 600 + 100 = 143 700
5 293 × 50 = (5 000 × 50) + (200 × 50) + (90 × 50) + (3 × 50) = 250 000 + 10 000 + 4 500 + 150 = 264 650

❺ 4 253 × 50 = (4 000 × 50) – (200 × 50) + (50 × 50) + (3 × 50) = 200 000 + 10 000 + 2 500 + 150 = 212 650
La cantine a commandé 212 650 kg de pommes de terre

6 J'apprends à poser une multiplication à 2 et à 3 chiffres (p. 58-59)

❶

		4	5	8	3
×					6
	2	7	4	9	8

		6	2	9	3
×					5
	3	1	4	6	5

		8	4	3	0
×					7
	5	9	0	1	0

		2	6	0	9
×					4
	1	0	4	3	6

❷

			5	1	2	6
×					5	7
		$^{1}3$	$^{1}5$	8	6	2
+	2	5	6	3	0	0
	2	9	2	1	8	2

			6	3	0	4
×					2	8
		5	0	$^{1}4$	3	2
+	1	2	6	0	8	0
	1	7	6	5	1	2

			9	5	3	0
×					1	4
	^{1}	$^{1}3$	8	1	2	0
+		9	5	3	0	0
	1	3	3	4	2	0

			4	2	7	8
×					3	5
		2	1	$^{1}3$	9	0
+	1	2	8	3	4	0
	1	4	9	7	3	0

3

			6	5	0	2
×					7	2
		1	3	0	0	4
+	4	5	5	1	4	0
	4	6	8	1	4	4

			3	4	2	5
×					6	5
		1	¹1	7	1	2	5
+	2	0	5	5	0	0
	2	2	2	6	2	5

			2	3	5	6
×					9	4
		¹	9	4	2	4
+	2	1	2	0	4	0
	2	2	1	4	6	4

			5	0	2	3
×					4	6
		3	¹0	1	3	8
+	2	0	0	9	2	0
	2	3	1	0	5	8

4 346 × 24 = 8 304 Les 24 villages jettent 8 304 kg de déchets.

7 J'apprends à poser une division (p. 60-61)

1 6 060 ÷ 7 a un quotient qui comporte 3 chiffres.
222 ÷ 2 a un quotient qui comporte 3 chiffres.

2

	5	3	7	3
−	3			179
	2	3		
−	2	1		
		2	7	
	−	2	7	
		0	0	

	8	2	4	6
−	6			137
	2	2		
−	1	8		
		4	4	
	−	4	2	
		0	2	

	6	0	7	4
−	4			151
	2	0		
−	2	0		
		0	7	
	−	0	4	
		0	3	

	9	5	4	5
−	5			190
	4	5		
−	4	5		
		0	4	
	−	0	0	
		0	4	

3

	6	0	3	4
−	4			150
	2	0		
−	2	0		
		0	3	
	−	0	0	
		0	3	

	9	5	7	6
−	6			159
	3	5		
−	3	0		
		5	7	
	−	5	4	
		0	3	

	4	9	8	3
−	3			166
	1	9		
−	1	8		
		1	8	
	−	1	8	
		0	0	

	7	6	2	5
−	5			152
	2	6		
−	2	5		
		1	2	
	−	1	0	
		0	2	

4 792 ÷ 3 = 264 Le coût du voyage pour 1 personne est de 264 €.

8 Je comprends les règles de proportionnalité (p. 62-63)

1 ☒ Quand je fais un pas, j'avance de 1 mètre. Quand je fais 12 pas, j'avance de 12 mètres.
☒ Dans une boîte d'œufs, il y a 6 œufs. Dans 3 boîtes, il y a 18 œufs.

2

Nombre de livres	2	3	4	
Prix (en euros)	14	21	28	× 7

Nombre d'arbustes	3	5	7	
Largeur de la haie (en m)	9	15	21	× 3

3

Nombre de gâteaux	2	3	4	
Quantité d'œufs	8	12	16	× 4

Nombre de gâteaux	2	3	4	
Quantité de farine (en g)	400	600	800	× 200

4

Nombre de tablettes de chocolat	5	6	9	
Prix (en euros)	15	18	27	× 3

Distance (en km)	2	4	8	
Temps (en minutes)	30	60	120	× 15

5

Prénom	Arthur	Louise	Azzedine	
Nombre de personnes	4	7	3	
Prix d'entrée du château (en euros)	30	52,50	22,50	× 7,5

9 Je comprends le principe des moitiés et des doubles (p. 64-65)

1 Le quadruple de 20

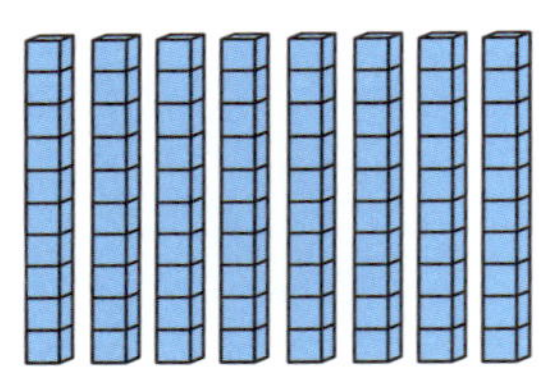

2 Le double de 150 est 300.
Le tiers de 600 est 200.
La moitié de 500 est 250.
Le quart de 600 est 150.
La moitié de 400 est 200.
Le quadruple de 30 est 120.
Le double de 350 est 700.
Le triple de 150 est 450.

3 Le quart de 800 : 200
Le triple de 50 : 150
La moitié de 300 : 150
Le double de 75 : 150
Le triple de 75 : 225
Le double de 250 : 500
Le tiers de 450 : 15
La moitié de 150 : 75

4

50	200	100	300	75	150	50	100

1 000	250	500	250	750	1 500	500	2 000

5 200 × 3 = 600 Il faut 600 g de farine à Pierre pour faire des churros.

10 Je maîtrise les fractions simples (p. 66-67)

1

$\frac{3}{4}$ = 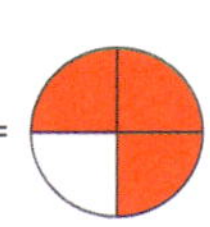

$\frac{5}{8}$ = 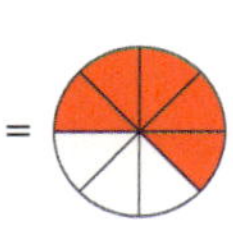

$\frac{2}{3}$ = 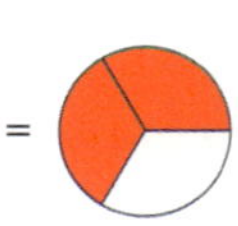

2 Deux tiers = $\frac{2}{3}$; trois cinquièmes = $\frac{3}{5}$; six huitièmes = $\frac{6}{8}$;
douze demis = $\frac{12}{2}$; dix quarts : $\frac{10}{4}$; cinq sixièmes : $\frac{5}{6}$

3 $\frac{3}{5}$ = trois cinquièmes ; $\frac{2}{2}$ = deux demis ; $\frac{6}{8}$ = six huitièmes ; $\frac{2}{4}$ = deux quarts ; $\frac{3}{6}$ = trois sixièmes ; $\frac{5}{10}$ = cinq dixièmes

4 $\frac{3}{4} = \frac{1}{4} + \frac{1}{4} + \frac{1}{4}$ $\frac{5}{6} = \frac{1}{6} + \frac{1}{6} + \frac{1}{6} + \frac{1}{6} + \frac{1}{6}$ $\frac{4}{5} = \frac{1}{5} + \frac{1}{5} + \frac{1}{5} + \frac{1}{5}$

5 $\frac{2}{8} + \frac{4}{8} = \frac{6}{8}$ $\frac{8}{8} - \frac{6}{8} = \frac{2}{8}$ Il reste $\frac{2}{8}$ de pizza.

11 J'apprends à comparer, ranger, intercaler et encadrer des fractions simples (p. 68-69)

1 $\frac{6}{7} > \frac{7}{4}$ $\frac{5}{6} < \frac{9}{6}$ $\frac{15}{6} < \frac{25}{6}$

2 $\frac{12}{4} < \frac{13}{4} < \frac{15}{4} < \frac{17}{4} < \frac{25}{4} < \frac{27}{4}$

$\frac{23}{8} < \frac{26}{8} < \frac{28}{8} < \frac{32}{8} < \frac{34}{8} < \frac{36}{8}$

3

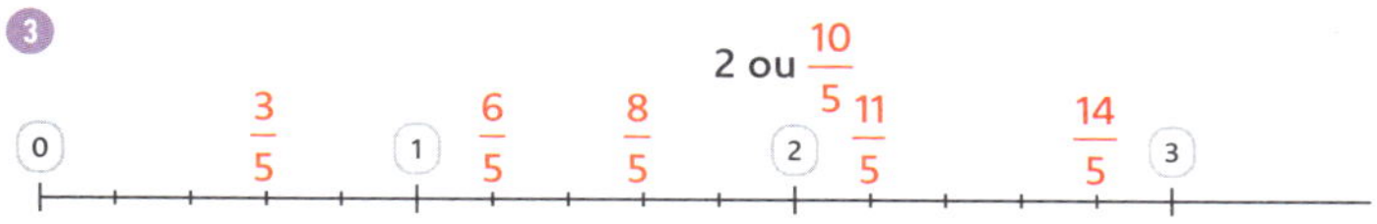

4 Exemples de réponses

$5 < \frac{27}{5} < 6$; $1 < \frac{3}{2} < 2$; $4 < \frac{13}{3} < 5$; $6 < \frac{25}{4} < 7$; $2 < \frac{8}{3} < 3$;
$3 < \frac{10}{3} < 4$; $5 < \frac{22}{4} < 6$; $1 < \frac{14}{9} < 2$; $4 < \frac{37}{8} < 5$; $6 < \frac{13}{2} < 7$;
$2 < \frac{17}{6} < 3$; $3 < \frac{7}{2} < 4$; $5 < \frac{11}{2} < 6$; $1 < \frac{7}{4} < 2$; $4 < \frac{14}{3} < 5$;
$6 < \frac{44}{7} < 7$; $2 < \frac{24}{9} < 3$; $3 < \frac{11}{3} < 4$

5 $\frac{14}{4} = 3 + \frac{2}{4}$ Ils ont mangé 3 tourtes à la pêche entières.

12 Je découvre les fractions décimales (p. 70-71)

1

$\frac{5}{10}$ =  $\frac{16}{10}$ = 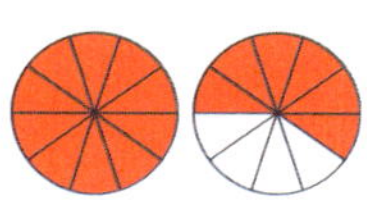 $\frac{45}{100}$ = 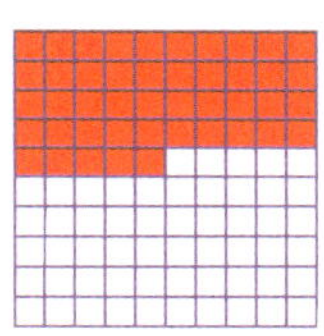

2 $\frac{652}{100}$ = six-cent-cinquante-deux centièmes ;

$\frac{38}{10}$ = trente-huit dixièmes ; $\frac{509}{10}$ = cinq-cent-neuf dixièmes ;

$\frac{493}{100}$ = quatre-cent-quatre-vingt-treize centièmes ;

$\frac{84}{100}$ = quatre-vingt-quatre centièmes

3

$\frac{45}{100}$ = 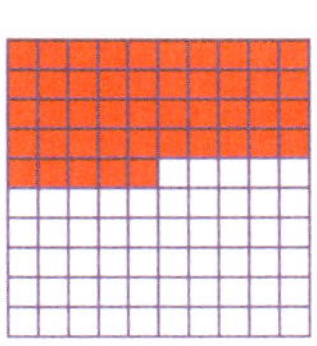 $\frac{72}{100}$ = 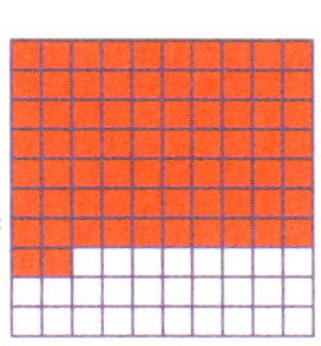 $\frac{57}{100}$ = 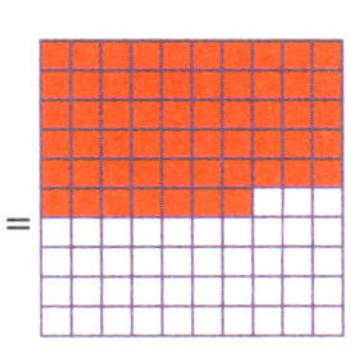

4 $\frac{69}{100} = \frac{60}{100} + \frac{9}{100}$ $\frac{78}{10} = \frac{70}{10} + \frac{8}{10}$

$\frac{382}{100} = \frac{300}{100} + \frac{80}{100} + \frac{2}{100}$ $\frac{68}{100} = \frac{60}{100} + \frac{8}{100}$

$\frac{756}{100} = \frac{700}{100} + \frac{50}{100} + \frac{6}{100}$ $\frac{142}{100} = \frac{100}{100} + \frac{40}{100} + \frac{2}{100}$

$\frac{436}{100} = \frac{400}{100} + \frac{30}{100} + \frac{6}{100}$

5 $\frac{108}{10} = 10 + \frac{8}{10}$

Jérémie a complété 10 pages entières et commencé à écrire sur une onzième page.

13 Je sais encadrer, intercaler et ranger des fractions décimales (p. 72-73)

1 $\frac{45}{100} < \frac{69}{100}$ $\frac{59}{100} < \frac{95}{100}$ $\frac{29}{10} < \frac{48}{10}$

$\frac{39}{10} < \frac{42}{10}$ $\frac{84}{100} > \frac{48}{100}$ $\frac{77}{100} < \frac{91}{100}$

2 $\frac{458}{100} < \frac{485}{100} < \frac{548}{100} < \frac{584}{100} < \frac{845}{100} < \frac{854}{100}$

$\frac{156}{10} < \frac{165}{10} < \frac{516}{10} < \frac{561}{10} < \frac{615}{10} < \frac{651}{10}$

3

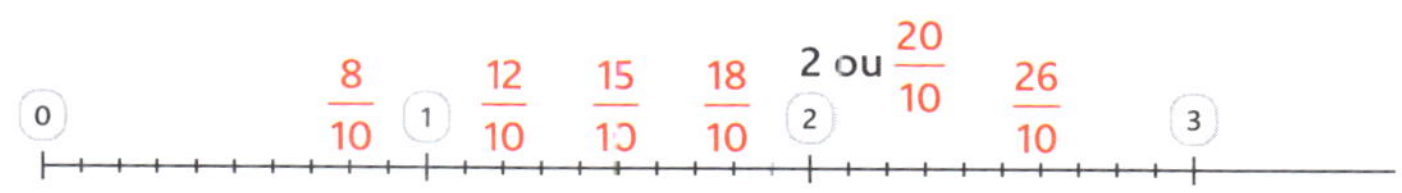

4 $5 < \frac{54}{10} < 6$; $6 < \frac{659}{100} < 7$; $1 < \frac{15}{10} < 2$; $7 < \frac{752}{100} < 8$; $3 < \frac{305}{100} < 4$;
$4 < \frac{47}{10} < 5$; $6 < \frac{69}{10} < 7$; $9 < \frac{948}{100} < 10$

5 $\frac{548}{100} = \frac{500}{100} + \frac{40}{100} + \frac{8}{100} = 5 + \frac{40}{100} + \frac{8}{100}$

Ils ont mangé 5 sachets entiers.

14 J'apprends à calculer avec les nombres décimaux (p. 74-75)

1 45,26 : quarante-cinq virgule vingt-six / quarante-cinq unités et vingt-six centièmes
9,48 : neuf virgule quarante-huit / neuf unités et quarante-huit centièmes

2

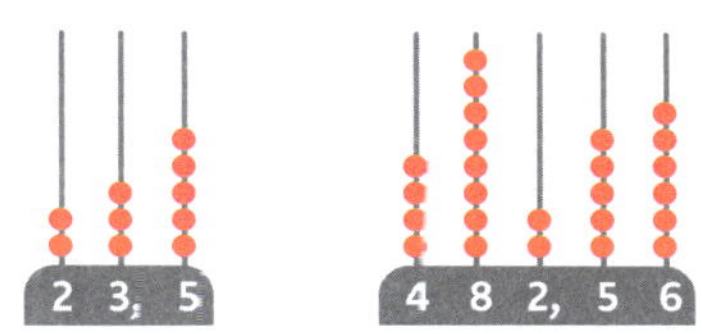

3 58,4 = 50 + 8 + 0,4
58,4 = (5 × 10) + (8 × 1) + (4 × 0,1)
623,48 = 600 + 20 + 3 + 0,4 + 0,08
623,48 = (6 × 100) + (2 × 10) + (3 × 1) + (4 × 0,1) + (8 × 0,01)
9,56 = 9 + 0,5 + 0,06
9,56 = (9 × 1) + (5 × 0,1) + (6 × 0,01)

4 63,48

94,65

5 La partie entière est 468 euros et la partie décimale correspond à 78 centimes.

15 Je sais encadrer, intercaler et ranger les nombres décimaux (p. 76-77)

1

2 4,8 < 4,82 ; 6,38 < 6,83 ; 5,87 > 4,87 ; 12,84 > 12,48 ; 7,05 < 7,5 ; 0,54 < 5,4 ; 9,76 > 7,96 ; 4,5 < 4,54 ; 12,34 > 3,124

Corrigés

3 Exemples de réponses
5 < 5,25 < 6 ; 1 < 1,18 < 2 ; 4 < 4,39 < 5 ; 6 < 6,67 < 7 ; 2 < 2,98 < 3 ;
3 < 3,09 < 4 ; 8 < 8,52 < 9 ; 6 < 6,24 < 7 ; 0 < 0,11 < 1

4 1 < 1,12 < 2 ; 3 < 3,10 < 4 ; 14 < 14,12 < 15 ; 10 < 10,01 < 11 ;
270 < 270,120 < 271 ; 31 < 31,058 < 32

5 5,26 < 5,62 < 6,25 < 6,52 < 52,6 < 56,2

6

16 Je calcule avec des compléments à l'entier supérieur (p. 78-79)

1 4,62 + 0,08 = 4,70 → 4,70 + 0,30 = 5
3,37 + 0,03 = 3,40 → 3,40 + 0,60 = 4

2 22,45 + 0,55 = 23 | 17,77 + 0,23 = 18 | 8,21 + 0,79 = 9
7,19 + 0,81 = 8 | 11,36 + 0,64 = 12 | 16,09 + 0,91 = 17

3 8,56 + 0,44 = 9 ; 6,41 + 0,59 = 7 ; 9,28 + 0,72 = 10 ; 2,84 + 0,16 = 3 ;
3,35 + 0,65 = 4 ; 8,97 + 0,03 = 9 ; 5,12 + 0,88 = 6 ; 1,73 + 0,27 = 2 ;
3,06 + 0,94 = 4 ; 2,31 + 0,69 = 3 ; 5,18 + 0,82 = 6 ; 4,79 + 0,21 = 5 ;
6,65 + 0,35 = 7 ; 7,16 + 0,84 = 8 ; 1,89 + 0,11 = 2

4 4,34 + 0,66 ; 4,48 + 0,52 ; 4,25 + 0,75 ; 4,86 + 0,14 ; 4,53 + 0,47 ;
4,62 + 0,38

5 8,64 + 0,36 = 9 La caissière rendra 0,36 € à Mathilde.

17 J'apprends à identifier les caractéristiques des figures géométriques (p. 80-81)

1

2

3 Carré : 4 angles droits, 4 côtés, 4 sommets et des diagonales qui se coupent en leur milieu.
Rectangle : 4 angles droits, 4 côtés, 4 sommets et des diagonales qui se coupent en leur milieu.
Losange : 0 angles droits, 4 côtés, 4 sommets et des diagonales qui se coupent en leur milieu.
Parallélogramme : 0 angles droits, 4 côtés, 4 sommets et des diagonales qui se coupent en leur milieu.

4 Pour des questions de place, ces figures ne sont pas à taille réelle.

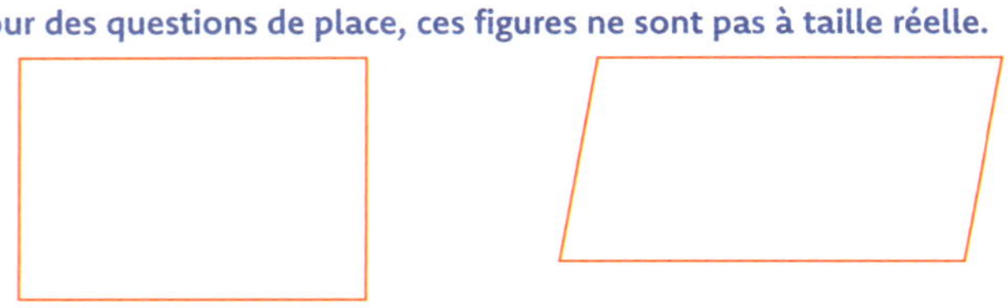

18 J'apprends à identifier les caractéristiques des solides (p. 82-83)

1

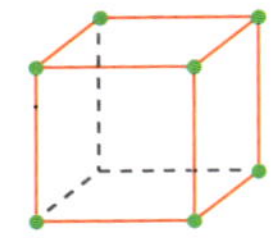

2 Une pyramide ; Un pavé droit ; Un cylindre ; Un cône ; Un carré

3 Un cône de chantier et un cône de glace = un cône. Un dé = un cube. Une plaquette de beurre et un livre = un pavé droit. Une pile et un feutre = un cylindre. Une tente et une pyramide = une pyramide.

4 Cube : 6 faces, 12 arêtes, 12 sommets.
Pavé droit : 6 faces, 12 arêtes, 12 sommets.
Pyramide à base triangulaire : 4 faces, 5 arêtes, 5 sommets.
Cylindre : 3 faces, 2 arêtes, 0 sommets.

5 Les plots ont une forme de cône.

19 J'apprends à calculer le périmètre et l'aire (p. 84-85)

1 3,2 + 2,7 + 2,3 + 1,8 = 10 cm
3 + 4 + 1,7 + 3 + 2,2 = 13,7 cm

2 35,5 carreaux | 30,5 carreaux | 56 carreaux | 40,5 carreaux

3 7 × 4 = 28 cm | (8 × 2) + (4 × 2) = 24 cm
7 × 7 = 49 cm^2 | 4 × 8 = 32 cm^2

4 (15 × 2) + (8 × 2) = 30 + 16 = 46 | 8 × 15 = 120
Le jardin d'Izia a un périmètre de 46 m tandis que son aire est de 120 m^2.

20 J'apprends à identifier les angles (p. 86-87)

1 angle aigu = angle de 0 à 90° ; angle obtus = angle de 90° à 180° ; angle droit = angle de 90°

2 ☑ Un angle aigu est plus petit qu'un angle obtus
☑ Un angle droit est plus grand qu'un angle aigu.
☑ Un angle obtus est plus grand qu'un angle droit.

3 Angles aigus : $\widehat{HIA}$, $\widehat{CDE}$ et $\widehat{EFG}$
Angles droits : $\widehat{GHI}$, $\widehat{DEF}$
Angles obtus : $\widehat{ABC}$, $\widehat{BCD}$, $\widehat{FGH}$ et $\widehat{IAB}$.

4

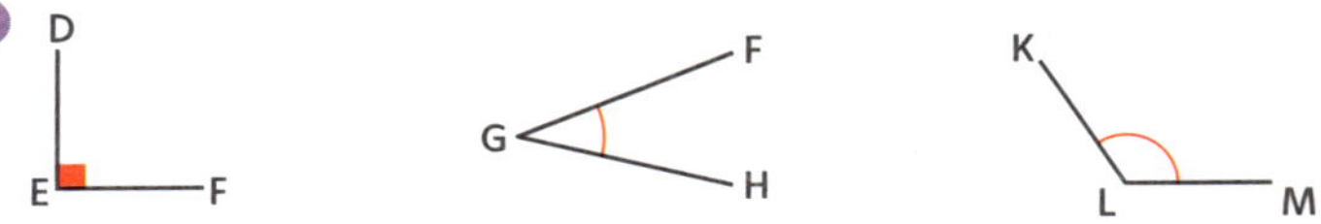

21 Je résous des problèmes de durées (p. 88-89)

1 Heure du matin : 5 h 45 | Heure du matin : 9 h 50
Heure de l'après-midi : 17 h 45 | Heure de l'après-midi : 21 h 50

2 Un voyage en train de Paris à Marseille = heures
Les vacances d'été = mois
Une course sur 100 mètres = secondes
Une mission spatiale = mois
La cuisson d'un gâteau = minutes

3 5 min 37 sec = 337 sec ; 1 h 45 min = 105 min ; 900 sec = 15 min ;
14 h 18 min = 858 min ; 5 h 37 min 45 sec = 367 min et 45 sec ; 1 j
8 h 42 min = 32 h et 42 min.

4 a. 30 minutes en comptant le petit déjeuner.
b. Il passe 5 heures en classe (1 h 30 + 1 h + 1 h 30 + 1 h).
c. Le cours de tennis dure 1 h 45.

5 Le match a commencé à 13 h 15 (14 h 23 – 1 h 08).